POEMAS ARÁBIGOANDALUCES

Emilio García Gómez

POEMAS ARÁBIGOANDALUCES

Edición de *José Luis García Martín*

RENACIMIENTO
SEVILLA • MMXXV

© Herederos de Emilio García Gómez
© Edición: José Luis García Martín
© 2025. Editorial Renacimiento

www.editorialrenacimiento.com
POLÍGONO NAVE EXPO, 17 • 41907 VALENCINA DE LA CONCEPCIÓN (SEVILLA)
tel.: (+34) 955998232 • editorial@editorialrenacimiento.com

Diseño de cubierta: Marie-Christine del Castillo

DEPÓSITO LEGAL: SE 2968-2024 • ISBN: 979-13-87552-21-3
Impreso en España • Printed in Spain

SECRETA OBRA MAESTRA

¿SECRETA obra maestra los *Poemas arábigoandaluces* de Emilio García Gómez, un libro que cuenta con numerosas reediciones en la colección Austral? Secreta, sí, porque se ha leído como una traducción, más o menos afortunada, de poemas árabes, y no como lo que realmente es, como una de las obras fundamentales de la poesía de la generación del 27, a la que pertenece con todo derecho.

Basándose en poesía ajena, García Gómez hace obra propia. No es un caso único: las *Rubaiyat* de Omar Jayam, que Edward Fitzgerald publicó en 1859 y que hicieron famoso el nombre del poeta persa en Europa, son obra tanto o más de Fitzgerald que de Jayam. Algo similar ocurre con la *Antología de poesía china* de Marcela de Juan, recreación –y toda creación, salvo la del Dios bíblico, es de alguna manera recreación–, más que traducción.

En el origen del libro, hay un «manuscrito encontrado», según un recurso literario –aunque en este caso no lo sea, muy habitual: «Durante mi permanencia en El Cairo, en calidad de pensionado, el año 1928, tuve ocasión, gracias a la amabilidad de S. E. Ahmed Zeki Bajá –de clara memoria–, de conocer y adquirir copia de una pequeña antología de la lírica andaluza, inédita y totalmente desconocida, titulada *Kitabrayat al-mubarrizin wa-gauat al-mumayyazim* ("Libro de las banderas de los campeones y los estandartes de los selectos"). Su autor –el célebre Ben Said– se propone recoger en ella solamente aquellos pequeños fragmentos *cuya idea es más sutil que el céfiro y cuya elocución es más bella que una cara bonita*».

Ese mismo año de 1928 publicó García Gómez en la *Revista de Occidente* una primera selección, influida por el tono literario de la época: «El ambiente era Góngora (diluido en prosa por Dámaso Alonso); era la poesía de los *hai-kais* (una gran figura de las letras, no diré quién, comparó con ellos mis *Poemas*); eran las "greguerías" de Ramón (el cual, por cierto, sin citar mi nombre, sacó greguerías de mis *Poemas:* véase la "selección 1910-1960" en la Colección Austral, núm. 143, pp. 17-18); eran Alberti andaluceando por lo fino, y Lorca, quedándose, por lo gitano, a dos dedos de lo morisco… ¿Bastarán estas cuatro pinceladas sueltas para sugerir una atmósfera?».

Emilio García Gómez, nacido en 1905, el mismo año que Francisco Ayala, era «uno de los muchos casos de vocaciones literarias ahogadas, probablemente con razón, bajo el peso de las Facultades de Letras», según indica en el prólogo a *Silla del Moro y otras escenas andaluzas*: «¡Entre usted en las aulas con unos ingenuos versitos, compuestos según la última moda del momento, y compárelos usted con toda la poesía que se ha escrito en el mundo desde Homero hasta Juan Ramón!».

En su caso esa vena literaria se resistiría a desaparecer: «Con algún escándalo de ciertos colegas extranjeros, bastante puritanos, ha asomado siempre, acá y allá, en mis trabajos científicos, y ha aprovechado con desenvuelta travesura la menor circunstancia favorable para sacar la cabeza en los periódicos».

Los lectores más avisados supieron desde el principio que los *Poemas arábigoandaluces* –tras el anticipo de *Revista de Occidente,* la primera edición es de 1930– no eran una simple traducción. No lo entendieron así muchos que saquearon la obra sin mencionar siquiera a su traductor, esto es, a su coautor. Fernando Quiñones, en *Las crónicas de al-Andalus,* publicadas en 1970, incluye el siguiente poema

EL CORAZÓN HABITADO

Abrirme el corazón con un cuchillo,
echarte dentro y luego recoser
de nuevo el pecho mío y casa tuya
para que siempre en él y nunca en otro,
lo habitaras como un pájaro blanco
hasta los días de la resurrección y el juicio.

Así, viva tú allí mientras yo viva,
morarías a mi muerte los tejidos
del corazón, ya en la cerrada sombra.

Una nota nos indica que está escrito «sobre texto de Ben Hazm de Córdoba (994-1063)», pero lo que en realidad hace es poner en verso la versión de García Gómez.

QUISIERA RAJAR MI CORAZÓN

Quisiera rajar mi corazón un cuchillo, meterte dentro
y luego volver a cerrar mi pecho,

para que estuvieras en él y no habitaras en otro, hasta el
día de la resurrección y el juicio final.

Así vivirías en él mientras yo existiera y, a mi muerte,
morarías en las entretelas del corazón en la tiniebla
del sepulcro.

No es el único ejemplo. En otros casos el fragmento
se reescribe sin cambiar el título.

EN LA BATALLA

Pensé en Sulayma mientras la refriega
era como mi cuerpo enfebrecido
cuando aquel alba vino a separarnos.

En el boscaje bruno de las lanzas
creí entrever lo fino de su talle
y vueltas ya a mí las abrazaba.

EN LA BATALLA

Me acordé de Sulayma cuando el ardor de la lid era
como el ardor de mi cuerpo cuando me separé de ella.

Creí ver entre las lanzas la esbeltez de su talle y, cuando
se inclinaron hacia mí las abrazaba.

El poema lleva la siguiente nota: «Sobre texto de Abu-l-Hasan Benq-al-Qabturnuh (s. XI-XII). Creo recordar que este escritor pacense ha sido citado por R. Menéndez Pidal, no logro hallar dónde».

La ironía de esta última frase no oculta que Quiñones sí sabía cuál era la verdadera fuente de su poema, pero se la ocultaba al lector, no sabemos si con astucia de plagiario o con la ingenuidad del que cree que García Gómez se había limitado a traducir el poema árabe y por eso, al considerar al autor como un intermediario prescindible, podía callar su nombre.

Lo curioso es que un trabajo semejante –poner en endecasílabos algunos de los poemas antes en prosa– lo había hecho García Gómez en un libro titulado precisamente *Árabe en endecasílabos,* de 1976, pero que reedita dos obras anteriores poco difundidas, *Casidas de Andalucía* (1940) y *Poesías de Ben Al-Alzaqqaq* (1956).

El poema titulado «Del elogio de Mutamid de Sevilla» comienza así:

*Copero, sirve en rueda el vaso, que el céfiro ya se ha
   levantado, y el lucero ha desviado ya las riendas del
   viaje nocturno.*

El alba ya nos ha traído su blanco alcanfor, cuando la noche ha apartado de nosotros su negro ámbar.

El jardín es como una bella, vestida con la túnica de sus flores y adornada con el collar de perlas del rocío,

o bien como un doncel que enrojece con el pudor de las rosas y se envalentona con el bozo del mirto.

En *Árabe en endecasílabos*, ese comienzo suena de la siguiente manera:

Sirve, copero, el ánfora en redondo:
ya el céfiro despierta; ya el lucero,
que tensa bridas, el cansancio rinde.
Blanco alcanfor el alba nos ofrece
y ámbar negro la noche nos retira.
Como una bella es el jardín, de flores
con tisúes vestida, y con la escarcha
de aljofaradas perlas reluciente,
o bien como un garzón a quien tiñeron
las rosas de vivísima vergüenza
y el bozo de la murta envalentona.

El ambiente literario ahora es otro y García Gómez acomoda sus versiones a ese nuevo ambiente. A Góngora le ha sucedido Garcilaso y en el garcilasismo triunfante en la primera posguerra pueden encuadrarse sus nuevas versiones. Veamos otro ejemplo:

LA MARGARITA

Un airoso mancebo giraba en nuestro torno, llenando las copas y reavivándolas, a la hora en que el sol ya se había levantado y había ya brillado la aurora.

El jardín nos había mostrado sus anémonas y daba su perfume el mirto, oscuro como el ámbar.

«¿Dónde está la margarita?», dijimos, y el jardín nos contestó: «La he dejado en la boca de quien sirve los vasos».

Y el copero lo negaba, pero cuando sonrió se descubrió el secreto.

LA MARGARITA ESCONDIDA

Allá al albor, nuestro copero grácil
llenaba y avivaba nuestros vasos.
Nos mostraba el jardín sus amapolas;

nos daba el arrayán su aroma de ámbar.
«—Pero ¿y la margarita?» «—Del copero
—dijo el vergel— yo la celé en la boca».
El mozo lo negaba y a la postre
delató su sonrisa el escondite.

Podríamos citar otros ejemplos para llegar a la con-
clusión de que las recreaciones de *Árabe en endecasílabos*
desmerecen junto a las versiones primeras, quizá por eso
pasaron sin pena ni gloria. En otras traducciones poéticas,
como en *Todo Ben Quzmán*, García Gómez recurriría al
«calco rítmico», a una reproducción lo más fiel posible
de la métrica original (igual número de sílabas y los mis-
mos acentos, aunque prescindiendo de la rima). Él mismo
ha comparado sus dos modos de traducir: «El primero es
literario; el segundo, más bien pedagógico. Uno consiente
gran libertad; el otro constriñe el traslado con férreas ata-
duras. Aquel se acomoda bien a una estética en verso libre
y sin rima, o si se quiere y algunos poetas no se enfadan,
de prosa poética; este suena más raro, por su artificio y
por su parcialmente anacrónico sistema de formas».

El éxito de los *Poemas arábigoandaluces* fue inmediato
(«se siguen reeditando desde 1928 y han sido traducidos

a bastantes lenguas y desvergonzadamente plagiados en otras», señala el propio autor). Sin ellos no existiría el lorquiano *Diván del Tamarit* ni tantos poemas –del grupo *Cántico* a Luis Antonio de Villena– que tratan de reflejar la atmósfera de un idealizado Al Ándalus. El mismo que recrea Rafael Alberti con palabras tomadas de García Gómez: «La paloma zurea en su algo ramo / y el sol de la mañana aparece velado / como por alas de tórtolas / y la lluvia menuda viste al jardín / de un fino tejido a rayas / y los ejércitos de las negras nubes cargadas de agua, / desfilan majestuosamente como tropas etíopes / armadas con los sables dorados de los relámpagos».

*

Toda reedición es una propuesta de lectura. Hemos preferido dejar para el epílogo el erudito prólogo y las diversas notas que el autor colocó en las ediciones anteriores para subrayar así lo que estas libres traducciones tienen de libro de poemas que deber ser leído como tal, sin consideraciones eruditas.

José Luis García Martín

POEMAS ARÁBIGOANDALUCES

A mis maestros
don Julián Ribera Tarragó †
y don Miguel Asín Palacios †

«Después de guarnecer de pluma
mis alas, las mojaron de poderoso rocío:
por eso no puedo volar de su tribu».

De BEN AL-LABBANA, de Denia

I

POETAS DEL OCCIDENTE
DE AL-ÁNDALUS

EL PICHÓN

NADA me turbó más que un pichón que zureaba sobre una rama, entre la isla y el río.

Era su collar de color de alfóncigo, de lapislázuli su pechuga, tornasolado su cuello, castaño el dorso y el extremo de las plumas del ala.

Hacía girar sobre el rubí de su pupila párpados de perla, y orillaba sus párpados una línea de oro.

Negra era la aguda punta de su pico, como el cabo de un cálamo de plata mojado en tinta.

Se recostaba en el ramo del *arak* como en un trono, escondiendo la garganta en el repliegue del ala.

Mas, al ver correr mis lágrimas, le asustó mi llanto, e, irguiéndose sobre la verde rama,

desplegó sus alas y las batió en su vuelo, llevándose mi corazón. ¿Adónde? No lo sé.

De ABU-L-HASAN ALI BEN HISN, secretario de Mutadid de Sevilla (siglo XI)

EL REFLEJO DEL VINO

EL reflejo del vino atravesado por la luz colorea de rojo los dedos del copero, como el enebro deja teñido el hocico del antílope.

Del mismo

LA AZUCENA Y LA ROSA

Bᴇʙᴇ el vino junto a la fragante azucena que ha florecido, y forma de mañana tu tertulia, cuando se abre la rosa.

Ambas parece que se han amamantado en las ubres del cielo, y que aquella mamó leche, y esta, sangre.

Son dos amigos, de los cuales aquel se rebeló contra el alcanfor, rey de la blancura, y este desobedeció al granate, rey de lo rojo, y con razón.

La una es como un blanco idolillo expuesto ante el que pasa; la otra, como la mejilla abofeteada en la triste mañana de la separación.

O, si lo prefieres, aquella es un manojo de tubitos de plata, y esta, una brasa cuyo rescoldo atizó e inflamó el viento.

De Abu Bakr Muhammad ben al-Qutiyya, cortesano de Mutadid de Sevilla

4

LA NUEZ

Es una envoltura formada por dos piezas tan unidas, que es lindo de ver: parecen los párpados cuando se cierran en el sueño.

Si la hiende un cuchillo, dirías que es una pupila a la que pone convexa el esfuerzo de mirar.

Y su interior podrías compararlo al de la oreja, por sus repliegues y escondrijos.

Del mismo

DESPEDIDA

Cuando en la mañana que se fueron nos despedirnos, llenos de tristeza por la próxima ausencia,

vi a lomos de los camellos los palanquines en que se iban, bellas como lunas, cubiertas por sus velos de oro.

Bajo los velos reptaban los escorpiones de los aladares sobre las rosas de la mejilla fragante.

Son escorpiones que no dañan la mejilla que huellan, y, en cambio, pican el corazón del triste enamorado.

De BEN CHAD, de Badajoz (siglo XI)

EL PUDOR

CUANDO ofreces a los circunstantes —como el copero que sirve en rueda los vasos— el vino de tus mejillas, encendidas de pudor, no me quedo atrás en beberlo;

que a este vino lo hacen generoso los ojos de los que, al mirarte, te hacen ruborizar, mientras que al otro lo hacen generoso los pies de los vendimiadores.

Del visir sevillano ABU-L-WALID ISMAIL BEN MUHAMMAD, apodado HABIB (m. hacia 1048)

DEL ELOGIO DE IDRIS II DE MÁLAGA

YA lució para mí el primer claror del alba. Dame a beber, antes que el almuédano entone su «Alá es grande».

Al mezclar el vino con el agua, se esparcen sobre su frente burbujas como perlas, que primero flotan y luego se tornan como los anillos que se suspenden en las narices del camello.

Agrada beber con donceles nobles y generosos, que cambian entre sí arrayanes de galantería.

Además, beben otro vino en la mejilla del copero, bello como una gacela; mejilla donde florecen la rosa y el jazmín.

Es prodigioso contemplar el azabache de su pelo sobre el marfil de su frente.

La rama de su talle se curva sobre el montón de arena de su cadera, y la noche de sus cabellos surge sobre la clara aurora de su rostro.

Las alas del aire han sido humedecidas por el agua de rosas del alba para los que madrugan a beber.

El rocío gotea en el narciso, como lágrimas que resbalan en los párpados.

Las Pléyades se apagan en su horizonte, como un ramo de jazmín en flor.

El ala de la tiniebla se aleja de la aurora como un cuervo que vuela, descubriendo los blancos huevos ocultos.

Y todos los ojos se apartan, ofuscados, al salir el sol.

El sol, que es el rostro de Idris, hijo de Yahya, hijo de Alí, hijo de Hammud, príncipe de los creyentes.

De BEN MUQANA, de Lisboa (siglo XI)

DEL ELOGIO DE MUTADID
DE SEVILLA

COPERO, sirve en rueda el vaso, que el céfiro ya se ha levantado, y el lucero ha desviado ya las riendas del viaje nocturno.

El alba ya nos ha traído su blanco alcanfor, cuando la noche ha apartado de nosotros su negro ámbar.

El jardín es como una bella, vestida con la túnica de sus flores y adornada con el collar de perlas del rocío,

o bien, como un doncel, que enrojece con el pudor de las rosas y se envalentona con el bozo del mirto.

El jardín –donde el río parece una mano blanca extendida sobre una túnica verde–

está agitado por el céfiro: pensarías que es la espada de Ben Abbad que dispersa los ejércitos.

¡Ben Abbad! En la angustia, cuando el aire se reviste de una túnica cenicienta, la dádiva de su mano es fecunda,

y escoge, para hacer sus dones, la virgen ya núbil, el corcel desnudo y el sable adornado de pedrería.

Rey que cuando los reyes se dirigen en masa al abrevadero, no pueden abrevar hasta que él retorna;

más fresco sobre los corazones que el gotear del rocío, más placentero sobre los párpados que la dulce pesadez del sueño.

Él hace chispear el eslabón de la gloria, y no se aparta del fuego de la lid más que para acercarse al fuego del hogar encendido para los huéspedes;

rey que te admira en lo físico y en lo moral, como el jardín es bello, tanto visto de lejos cuanto visitado de cerca.

Cuando, estando a su lado, me escancia el *kautar* de su generosidad, estoy cierto de hallarme en el paraíso.

¿Has hecho fructificar tu lanza con las cabezas de los reyes enemigos, porque viste que la rama place cuando está en fruto,

y has teñido tu cota con la sangre de sus héroes, porque viste que la bella se engalana de rojo?

Mi poema es, por ti, como un jardín que visitó el céfiro y sobre el cual se inclinó la escarcha hasta que floreció.

Con tu nombre le he vestido una túnica de oro; con tu alabanza he desmenuzado sobre él el mejor almizcle.

¿Quién se atreverá conmigo? Tu nombre es áloe que he quemado en el pebetero de mi genio.

Del célebre BEN AMMAR de Silves,
visir de Mutamid de Sevilla (m. 1086)

LA AMADA

Era una gacelita que mira con narcisos, alarga azucenas y sonríe con margaritas.

Sus arracadas me hacen señas y sus ajorcas tienden la oreja para escuchar la melodía de su cinturón.

Del mismo

LA LECTURA

Mi pupila rescata lo que está preso en la página:
lo blanco a lo blanco y lo negro a lo negro.

Del mismo

EVOCACIÓN DE SILVES

Eᴀ, Abu Bakr, saluda mis lares en Silves y pregúntales si, como pienso, aún se acuerdan de mí.

Saluda al Palacio de las Barandas, de parte de un doncel que siente perpetua nostalgia de aquel alcázar.

Allí moraban guerreros como leones y blancas gacelas, y ¡en qué bellas selvas y en qué bellos cubiles!

¡Cuántas noches pasé divirtiéndome a su sombra con mujeres de caderas opulentas y talle extenuado:

blancas y morenas que hacían en mi alma el efecto de las espadas refulgentes y las lanzas oscuras!

¡Cuántas noches pasé deliciosamente junto a un recodo del río con una doncella cuya pulsera emulaba la curva de la corriente!

Se pasaba el tiempo escanciándome el vino de su mirada, y otras veces, el de su vaso, y otras, el de su boca.

Las cuerdas de su laúd heridas por el plectro me estremecían, como si oyese la melodía de las espadas en los tendones del cuello enemigo.

Al quitarse el manto, descubría su talle, floreciente rama de sauce, como se abre el capullo para mostrar la flor.

Del rey MUTAMID de Sevilla
(reinó de 1068 a 1091)

NOCHE DE FIESTA

En verdad bebí vino que derramaba su resplandor, mientras la noche desplegaba el manto de la tiniebla,

hasta que la luna llena surgió en Géminis, como un rey en el apogeo de su pompa y de su fausto.

Los luceros brillantes surgieron a porfía para rodearla de su refulgencia y completar la suya.

Luego, cuando la luna quiso pasearse hacia Occidente, levantó por encima de sí a Orión como un dosel, y las estrellas avanzaron a sus dos lados como batallones que alzaban a las Pléyades por bandera.

Así soy yo en la tierra, entre escuadrones y mujeres hermosas que alían el esplendor con el alto rango.

Si las lorigas de los guerreros esparcen tinieblas, los vasos de vino de las doncellas nos llenan de claridad.

Y si las esclavas cantan acompañándose de la cítara, las espadas de mis donceles no dejan por eso de cantar también sobre los cascos enemigos.

Del mismo

13

A SU CADENA, PRISIONERO
EN AGMAT

Cadena mía, ¿no sabes que me he entregado a ti?
¿Por qué, entonces, no te enterneces ni te apiadas?

Mi sangre fue tu bebida y ya te comiste mi
carne. No aprietes los huesos.

Mi hijo Abu Hasim, al verme rodeado de ti, se
aparta con el corazón lastimado.

Ten piedad de un niñito inocente que nunca
temió tener que venir a implorarte.

Ten piedad de sus hermanitas, parecidas a él y
a las que has hecho tragar veneno y coloquíntida.

Hay entre ellas algunas que ya se dan cuenta, y temo que el llanto las ciegue.

Pero las demás aún no comprenden nada y no abren la boca sino para mamar.

Del mismo

14

PASARON...

AL caer la tarde, sin previa cita, pasaron junto a mí, encendiendo el fuego de mi corazón, y ¡de qué modo!

No es de extrañar que se acreciese mi deseo con su paso: la vista del agua exacerba el ansia del sediento.

De AL-RADI AI-LLAH YAZID, rey de Ronda,
hijo de Mutamid de Sevilla

PETICIÓN DE UN HALCÓN

¡Oh rey, cuyos padres fueron altaneros y del más egregio rango!

Tú, que adornaste mi cuello con el collar de tus favores, grandes como perlas y engarzados como las

perlas en el hilo, adorna ahora mi mano con un halcón.

Hónrame con uno de límpidas alas, cuyo plumaje se haya combado por el viento del Norte.

¡Con qué orgullo saldré con él al alba, jugando mi mano con el viento, para apresar lo libre con lo encadenado!

De ABD AL-AZIZ BEN AL-QAB-TURNUH, secretario de Mutawakkil de Badajoz (muerto después de 1126)

INVITACIÓN

Eʟ día está húmedo de rocío y la mejilla de la tierra se ha cubierto del bozo de las hierbas. Tu amigo te invita

a gozar de dos calderos que cuecen, despidiendo excelente olor; de perfumes, de un porrón de vino, de un lugar delicioso.

Y más pondría, si quisiera; pero no está bien que para un amigo se despliegue demasiada pompa.

Del mismo

EN LA BATALLA

Me acordé de Sulayma cuando el ardor de la lid era como el ardor de mi cuerpo cuando me separé de ella.

Creí ver entre las lanzas la esbeltez de su talle y, cuando se inclinaron hacia mí, las abracé.

De Abu-l-Hasan ben al-Qabtur-nuh,
de Badajoz, hermano del anterior

18

EL NARANJO

¿Son ascuas que muestran sobre las ramas sus vivos colores, o mejillas que se asoman entre las verdes cortinas de los palanquines?

¿Son ramas que se balancean, o talles delicados por cuyo amor estoy sufriendo lo que sufro?

Veo que el naranjo nos muestra sus frutos, que parecen lágrimas coloreadas de rojo por los tormentos del amor.

Están congelados; pero, si se los fundiera, serían vino. Unas manos mágicas moldearon la tierra para formarlos.

Son como pelotas de cornalina en ramas de topacio, y en la mano del céfiro hay mazos para golpearlos.

Unas veces los besamos y otras los olemos, y así son, alternativamente, mejillas de doncellas o pomos de perfume.

De BEN SARA, de Santarén (m. 1123)

EL BRASERO

El brasero ha sido esta noche para nosotros triaca, cuando, bajo la sombra, nos picaban los escorpiones del frío.

Lleno de luz, cortó para nosotros cálidas mantas, bajo las cuales el frío no sabe dónde estamos.

Forma un incendio en un horno, al que rodeamos, como si fuese una gran copa de vino de la que bebemos todos.

Unos ratos nos consiente acercarnos y otros nos aleja, como una madre que a veces nos amamanta y otras nos quita el pecho.

Del mismo

EL CÉFIRO Y LA LLUVIA

Si es que buscas remedio en el soplo de céfiro, sabe que en sus bocanadas perfuma el almizcle.

Vienen a ti cargadas de aromas, como mensajeros de la amada que te traen saludos de su parte.

El aire se prueba los trajes de las nubes y elige entre ellos un manto negro.

Es una nube cargada de lluvia que hace señas al jardín saludándole y que luego llora, en tanto las flores se ponen a reír.

La tierra da prisa a la nube para que le acabe el manto, y la nube teje con una mano los hilos de la lluvia, mientras con la otra borda flores de realce.

Del mismo

LA ESTRELLA FUGAZ

Vio la estrella a un demonio espiar furtivamente a las puertas del cielo, y se lanzó contra él, encendiendo un camino de llama.

Parecía un jinete a quien la rapidez de la carrera desatara el turbante y que lo arrastrase entero tras de sí como un velo que flota.

Del mismo

UNA ALBERCA CON TORTUGAS

¡Qué bella la alberca rebosante! Parece una pupila cuyas espesas pestañas son las flores.

Hay en ella tortugas cuyos saltos en el agua me divierten, y que se envuelven en ropas de verdín.

Se disputan la orilla, salvo cuando viene el frío del invierno, pues entonces se zambullen y se esconden.

Y, si alguna vez asoman en sus juegos, parecen soldados cristianos que llevan sobre los hombros escudos de ante.

Del mismo

LA BERENJENA

Es un fruto de forma esférica, de agradable gusto, alimentado por agua abundante en todos los jardines.

Ceñido por el caparazón de su peciolo, parece un rojo corazón de cordero entre las garras de un buitre.

Del mismo

EL DEDAL

DEDAL brillante como los rayos del sol: si le da el reflejo de una estrella del cielo, se ilumina.

El orfebre se esmeró en su labor, hasta verter oro en sus extremos.

Parece un pequeño casco, agujereado por las lanzas, y al que un tajo de espada arrancó la cimera.

Del sevillano ABU-L-ABBAS AHMAD BEN SID, conocido por AL-LISS, «el Ladrón» (siglo XII)

EL RÍO DE LA MIEL

Detente junto al río de la Miel, párate y pregunta

por una noche que pasé allí hasta el alba, a despecho de los censores,

bebiendo el delicioso vino de la boca o cortando la rosa del pudor.

Nos abrazamos como se abrazan los ramos encima del arroyo.

Había copas de vino fresco y nos servía de copero el aquilón.

Las flores, sin fuego ni pebetero, nos brinda-
ban el aroma del áloe.

Los reflejos de las candelas eran como puntas
de lanzas sobre la loriga del río.

Así pasamos la noche hasta que nos hizo sepa-
rarnos el frío de las joyas.

Y nada excitó mi melancolía más que el canto
del ruiseñor.

De BEN ABI RUH, magnate de Algeciras
(siglo XII)

LLUVIA SOBRE EL RÍO

La mano de los vientos realiza finos trabajos de orfebre en el río, ondulado en mil arrugas.

Y siempre que ha terminado de forjar las mallas de una loriga, la lluvia viene a enlazarlas con sus clavillos.

Del sevillano (de Manís) Abu-l-Qasim al-Manisi, llamado Asa al-Ama (siglo xii)

LA BELLA DE LOS LUNARES

Era tan blanca, que la juzgarías una perla que se fundía, o estaba a punto de fundirse, con solo nombrarla.

Pero tenía las dos mejillas –blancas como el alcanfor– puntuadas de almizcle. ¡Encerraba toda la beldad y aun algo más!

Una vez que sus lunares se hubieron metido en mi corazón tan hondo como yo me sé, le dije:

«¿Es que toda esa blancura representa todos tus favores, y esos puntos negros algunos de tus desdenes?».

Me contestó: «Mi padre es escribano de los reyes, y, cuando me he acercado a él para demostrarle mi amor filial,

temió que descubriese el secreto de lo que escribía, y sacudió la pluma, rociándome el rostro de tinta».

Del sevillano ABU AHMAD BEN HAYYUN, que vivió en tiempos de Yusuf ben Abd al-Mumin (siglo XII)

DESPUÉS DE LA ORGÍA

Apoyadas las mejillas en las palmas de las manos,
nos sorprendió a ellos y a mí la luz de la aurora.

En toda la noche había cesado de escanciarles
el vino y de beber yo mismo lo que quedaba en
su propia copa, hasta que me embriagué al igual
que ellos.

Pero el vino ha tomado bien su venganza: yo le
hice caer en mi boca y él me ha hecho caer a mí.

Del médico sevillano Abu Bakr Muhammad
ben Abd al-Malik Avenzoar (1113-1199)

A UN CABALLO BLANCO
CON MANCHAS NEGRAS EN LAS PATAS

¿Es un corcel lo que ha pasado ante mis ojos, o una estrella fugaz, que cruzó rápida como el relámpago encendido por la tormenta?

La aurora le prestó su disco como velo, y huyó con él, pues le convino a maravilla.

Siempre que corre es porque piensa que la aurora viene a reclamarle el préstamo; pero la aurora no le da alcance.

Cuando se lanza contra el enemigo, los luceros se cansan de seguirlo y las nubes le pierden el rastro.

¡Oh prodigio! Si tiene el rango de los planetas, ¿cómo mancha sus patas el polvo?

Mírale: con razón es macizo, pues su manto es como oro fundido.

El almizcle ha trazado sobre él una línea, tiñéndolo de negro por encima de sus cuatro pezuñas.

De Ben Abi-l-Haytam, de Sevilla (m. 1232)

EL SOL

Mira la belleza del sol: cuando sale, muestra una ceja de oro, mostrándose avaro de la otra.

Pero sabemos que no ha de continuar siendo avaro, y que desplegará por todas partes el velo de su hermosura.

¡Qué maravilloso espejo se descubre por el oriente, para ser de nuevo escondido en el ocaso!

Justo es que el horizonte se entristezca por su partida y se cubra de túnicas de luto.

Las estrellas fugaces no son para mí sino sus lágrimas, aunque lágrimas sólidas.

Del mismo

EL SURTIDOR

¡Qué bello el surtidor, que apedrea al cielo con estrellas fugaces, que saltan como ágiles acróbatas!

De él se deslizan a borbotones sierpes de agua, que corren hacia la taza como amedrentadas víboras.

Y es que el agua, acostumbrada a correr furtivamente debajo de la tierra, al ver un espacio abierto, aprieta a huir.

Mas luego, al reposarse, satisfecha de su nueva morada, sonríe orgullosamente, mostrando sus dientes de burbujas.

Y entonces, cuando la sonrisa ha descubierto su deliciosa dentadura, inclínanse las ramas enamoradas a besarla.

Del poeta sevillano BEN RAIA (siglo XIII)

LA TÚNICA ROJA

Su blanca figura avanzó cubierta con un vestido del color de la rosa, como la luna envuelta en el manto del crepúsculo.

Diríase que, cuantas veces han derramado mi sangre los arpones de sus ojos, los ha enjugado después en el vestido.

Del poeta sevillano BEN AL-SABUNI
(Siglo XIII)

REGALANDO UN ESPEJO

Te envío un espejo precioso: haz surgir en su alto horizonte tu rostro, luna de buen agüero.

Así apreciarás con justeza tu hermosura y disculparás la pasión que me consume.

¡Ay, con ser furtiva, tu imagen es más accesible que tú, más benévola y mejor cumplidora de promesas!

Del mismo

ORILLAS DEL GUADALQUIVIR

Los olmos que descuellan sobre los jardines son como lanzas llenas de banderolas de seda.

No es de extrañar que estas tropas se alzaran contra el río, cuando le vieron vestido con la cota de mallas que le forjan los vientos al arrugar sus aguas.

El río rechazó a las tropas una y otra vez con sus ondas; pero se inclinaron sobre él y hubo de someterse, lamentándose con su murmullo.

De Ben Sahl, judío de Sevilla (m. 1251)

A UNA CAÑA PERSA, QUE AGITABA EL VIENTO

MIRA la caña que mece el céfiro, inclinándola hacia nuestras copas.

¿No le basta el rocío que bebió, y necesita balancear sus penachos en busca del vino?

Mueve de tal suerte su talle ante los comensales, que entretiene los ojos y las almas.

Dale de beber de nuestros vasos, porque, estando embriagada, podremos perdonarle que nos bese en la cabeza.

Del médico y poeta ABU-L-HACHCHACH
ben UTBA, de Sevilla (siglo XIII)

FIESTA EN EL RÍO

MIRA, ¡por vida mía! Los barcos que se lanzan a la carrera, como corceles que vienen uno tras de otro.

El cuello del río estaba antes desnudo; mas ahora, en la tiniebla de la noche, está lleno de alhajas.

Las luces de las candelas brillan como luceros, y sus reflejos parecen lanzas hundidas en el río.

Los barquitos huyen, con los pies de sus remos, de los bajeles que avanzan, con el ala de sus velas, como escapa la liebre temerosa del halcón.

Del *qadi* de Jerez BEN LUBBAL (m. 1284)

II

POETAS DEL CENTRO
DE AL-ÁNDALUS

LA TEZ BLANCA

Jamás vi ni oí cosa como esta: una perla que por el pudor se transforma en cornalina.

Tan blanca es su cara, que, cuando contemplas sus perfecciones, ves tu propio rostro sumergido en su claridad.

De Ben Abd Rabbihi, de Córdoba (860-940)

COMIENZO DE LA *QASIDA DE LAS ESTRELLAS*

¡Qué bella aquella noche! Desde que nos envió de prisa a su mensajero, la pasamos contemplando a los Gemelos del Zodíaco en sus orejas, como pendientes.

Y la pasó también con nosotros un copero que se rebelaba contra la oscuridad con su rostro, candela de aurora, a la que no hay que despabilar y que no se apaga.

Había en su voz un dejo nasal como el runrún de la gacela; era fragante; la molicie hacía ligero su talle, mientras el licor hacía pesados sus párpados, de abundantes pestañas.

El temblor del vino no le dejó mano, ni la vejación del curvarse para llenar los vasos, cintura.

Diríase que sus caderas eran un montón de arena sobre el que se cimbreaba la caña del talle: ¿Es que no conocéis la caña y el montón de arena?

Nuestros lechos sirvieron de vestido para nuestro vino, y para cubrirnos, la tiniebla rasgó sábanas de su piel.

De corazón a corazón se acercaba el amor; de labio a labio volaba el beso.

Mas, por tu vida, despierta de nuevo al vaso y a los párpados del copero; que de nuevo está despierto el porrón después de lo que dormitó.

La tiniebla ha comenzado a desanudar sus trabas, y el ejército de la noche se apresta y se alinea para dar la batalla a la aurora.

Los luceros huyen para dejar paso a las Pléyades, que son como sortijas que brillan en los dedos de una mano escondida.

De BEN HANI, de Elvira (m. 973)

CASTIDAD

Aunque estaba pronta a entregarse, me abstuve de ella, y no obedecí la tentación que me ofrecía Satán.

Apareció sin velo en la noche, y las tinieblas nocturnas, iluminadas por su rostro, también levantaron aquella vez sus velos.

No había mirada suya en la que no hubiera incentivos que revolucionaban los corazones.

Mas di fuerzas al precepto divino que condena la lujuria sobre las arrancadas caprichosas del corcel de mi pasión, para que mi instinto no se rebelase contra la castidad.

Y así, pasé con ella la noche como el pequeño camello sediento al que el bozal impide mamar.

Tal, un vergel, donde para uno como yo no hay otro provecho que el ver y el oler.

Que no soy yo como las bestias abandonadas que toman los jardines como pasto.

De Ben Farach, de Jaén,
autor del *Libro de los Huertos* (m. 976)

EL MEMBRILLO

Es de color amarillo, como si llevase una túnica de narciso, y huele como el almizcle de penetrante aroma.

Tiene el perfume de la amada y su misma dureza de corazón; pero tiene el color del amante apasionado y macilento.

Su palidez es un préstamo de mi palidez; su olor es el aliento de mi amiga.

Cuando se irguió fragante en la rama y las hojas le habían tejido mantos de brocado, extendí mi mano suavemente para cogerlo y colocarlo como pebetero en el centro de mi sala.

Tenía un vestido de pelusa cenicienta que revoloteaba sobre su liso cuerpo de oro.

Y cuando se quedó desnudo en mi mano, sin más que su camisa color de narciso,

me hizo recordar a quien no puedo decir, y el ardor de mi aliento lo marchitó entre mis dedos.

De CHAFAR BEN UTMAN AL-MUSHAFI,
visir de al-Hakam II y Hisam II (m. 982)

41

LA HERMOSA EN LA ORGÍA

Su talle flexible era una rama que se balanceaba sobre el montón de arena de su cadera y de la que cogía mi corazón frutos de fuego.

Los rubios cabellos que asomaban por sus sienes dibujaban un *lam* en la blanca página de su mejilla, como oro que corre sobre plata.

Estaba en el apogeo de su belleza, como la rama cuando se viste de hojas.

El vaso lleno de rojo néctar era, entre sus dedos blancos, como un crepúsculo que amaneció encima de una aurora.

Salía el sol del vino, y era su boca el poniente,
y el oriente la mano del copero, que al escanciar
pronunciaba fórmulas corteses.

Y, al ponerse en el delicioso ocaso de sus labios,
dejaba el crepúsculo en su mejilla.

Del príncipe omeya MARWAN BEN ABD AL-RAHMAN,
llamado AL-TALIQ, «el Amnistiado» (m. 1009)

LA CÁRCEL

Mɪ calabozo es negro y lóbrego como la noche;
oscuro en los contornos, pero del todo tenebroso
en el centro.

Y, mientras que él es negro, las blancas flores
lo rodean por fuera, del mismo modo que la tinta
está encerrada en un tintero de marfil.

Del mismo

EL ESCLAVO RASURADO

Le rasuraron la cabeza para vestirlo de fealdad, por celos y por miedo que tenían de su hermosura.

Antes de que le rasuraran era noche y aurora, y han borrado la noche y le han dejado en aurora.

Del poeta cordobés Yusuf ben
Harun al-Ramadi (m. 1022)

LA AZUCENA

Las manos de la primavera han amurallado, encima de los tallos, los castillos de la azucena;

castillos con almenas de plata y donde los defensores, agrupados en torno del príncipe, tienen espadas de oro.

De Ben Darrach al-Qastalli,
probablemente de Qastalla en el Algarve;
pero que vivió en Córdoba (958-1030)

REPROCHE

Las noches son para mí más largas desde que te empeñaste en alejarme de tu lado,

¡oh gacela que demora la ejecución de la promesa y que no cumple la palabra que me dio!

¿Es que has olvidado el tiempo en que pasábamos la noche juntos, sobre un lecho de rosas,

mientras las estrellas del horizonte brillaban como perlas sobre lapislázuli?

Del califa ABD AL-RAHMAN V MUSTAZHIR
(m. 1024)

LA LUNA

La luna es como un espejo cuyo alinde ha sido empañado por los suspiros de las doncellas.

Y la noche se viste con la luz de su lámpara como la negra tinta se viste con el blanco papel.

Del secretario cordobés Ben Burd,
el Nieto (m. 1053)

DESPUÉS DE LA ORGÍA

Cuando, llena de su embriaguez, se durmió, y se durmieron los ojos de la ronda,

me acerqué a ella tímidamente, como el amigo que busca el contacto furtivo con disimulo.

Me arrastré hacia ella insensiblemente como el sueño; me elevé hacia ella dulcemente como el aliento.

Besé el blanco brillante de su cuello; apuré el rojo vivo de su boca.

Y pasé con ella mi noche deliciosamente, hasta que sonrieron las tinieblas, mostrando los blancos dientes de la aurora.

De Ben Suhayd, de Córdoba (992-1034)

LA TORMENTA

CADA flor abría en la oscuridad su boca, buscando las ubres de la lluvia fecunda.

Y los ejércitos de las negras nubes, cargadas de agua, desfilaban majestuosamente, armadas con los sables dorados del relámpago.

Del mismo

LA VISITA DE LA AMADA

VINISTE a mí un poco antes de que los cristianos tocasen las campanas, cuando la media luna surgía en el cielo,

como la ceja de un anciano cubierta casi del todo por las canas, o como la delicada curva de la planta del pie.

Y, aunque era aún de noche, con tu venida brilló en el horizonte el arco del Señor, vestido de todos los colores, como la cola de los pavones.

De BEN HAZM, de Córdoba (994-1063)

QUISIERA RAJAR MI CORAZÓN

QUISIERA rajar mi corazón con un cuchillo, meterte dentro y luego volver a cerrar mi pecho,

para que estuvieras en él y no habitaras en otro, hasta el día de la resurrección y del juicio final.

Así vivirías en él mientras yo existiera y, a mi muerte, morarías en las entretelas del corazón en la tiniebla del sepulcro.

Del mismo

¿DE QUÉ MUNDO ERES?

¿Perteneces al mundo de los ángeles, o al de los hombres? Acláramelo, porque mi inteligencia es incapaz de comprenderlo.

Veo una forma humana; pero, si aguzo el entendimiento, encuentro que es un cuerpo procedente de las altas esferas.

¡Bendito sea el que contrapesó la manera de ser de sus criaturas, e hizo que, por naturaleza, tú fueses maravillosa luz!

No hay duda para mí de que eres un puro espíritu, atraído a nosotros por la semejanza que enlaza a las almas.

La única prueba que atestigua tu encarnación corporal y que nos permite establecer analogías es que eres visible.

Si no fuese porque nuestros ojos contemplan tu ser, diríamos que eras la Sublime Razón Verdadera.

Del mismo

52

LAS BURBUJAS

Yo digo al copero: Dame sus primicias, cámbiame la plata por el oro del vino.

En él ahogo mis penas y luego sobrenadan encima de él, como espuma, las burbujas,

que parecen los blancos dedos de un bebedor empedernido que retuviera eternamente la botella en su mano.

De Ubada ben Ma al-Sama (m. hacia 1030)

FRAGMENTOS DE LA *QASIDA EN NUN*

ALEJADOS uno de otro, mis costados están secos de pasión por ti, y en cambio no cesan mis lágrimas...

Al perderte, mis días han cambiado y se han tornado negros, cuando contigo hasta mis noches eran blancas...

Diríase que no hemos pasado juntos la noche, sin más tercero que nuestra propia unión, mientras nuestra buena estrella hacía bajar los ojos de nuestros censores:

Éramos dos secretos en el corazón de las tinieblas, hasta que la lengua de la aurora estaba a punto de denunciarnos.

De BEN ZAYDUN, de Córdoba (1003-1070)

DESDE AL-ZAHRA

Desde al-Zahra te recuerdo con pasión. El horizonte está claro y la tierra nos muestra su faz serena.

La brisa desmaya con el crepúsculo: parece que se apiada de mí y languidece, llena de ternura.

Los arriates me sonríen con sus aguas de plata, que parecen collares desprendidos de las gargantas.

Así fueron los días deliciosos que ya pasaron, cuando, aprovechando el sueño del Destino, fuimos ladrones de placer.

Hoy solo me distraigo con las flores, imán de los ojos, en las que la escarcha juega vivaz, inclinando sus tallos:

Son como pupilas que, al ver mi insomnio, lloran por mí, y por eso el irisado llanto resbala por su cáliz.

En los soleados rosales brillan los rojos capullos, aumentando la luminosidad de la mañana.

Aromáticas bocanadas se transmiten el pomo del nenúfar, dormilón cuyas pupilas entreabrió el alba.

Todo excita el recuerdo de mi pasión por ti, que nunca abandona mi pecho, por mucha que sea su estrechura.

Si la unión contigo, por la que suspiro, se lograse, ese día sería el más noble entre todos.

¡No conceda Dios la calma al corazón que desista de recordarte y que no vuele a tu lado con las alas trémulas del deseo!

Si el céfiro, cuando sopla, consintiera en llevarme, depositaría a tus pies un doncel extenuado por la pena.

¡Oh mi más precioso joyel, el más sublime, el preferido de mi alma, cuando los amantes compran joyeles!

Pedirnos uno al otro deudas de puro amor era, en otros tiempos, la pradera feliz donde corríamos como libres corceles.

Pero ahora yo soy el único que puede jactarse de leal. Tú me dejaste, y yo me he quedado, triste, amándote.

Del mismo

EL GALLO

PARA anunciar la muerte de las tinieblas se alzó el ave adornada con una amapola, y que hace girar para nosotros las centellas de sus ojos.

Cuando canta, él mismo presta oídos a su llamada a la oración, apresurándose a batir sus axilas con las grandes plumas de sus alas.

Parece que el emperador de Persia le ciñó su corona y que María la Copta, hermana de Moisés, le colgó con su propia mano las arracadas.

Arrebató al pavón la vestidura, que era el más
bello de sus mantos, y, no bastándole todavía,
robó al pato su contoneo.

De AL-ASAD IBRAHIM BEN BILLITA,
poeta toledano del siglo XI

LA CIGÜEÑA

Es una emigrante de otras tierras, pero viene a anunciarnos el buen tiempo,

cuando despliega sus alas de ébano, descubriendo su cuerpo de marfil, y se ríe a carcajadas con su pico de sándalo.

De Galib ben Ribah al-Hach-cham
(el Alfageme), toledano del siglo xi

EL LUNAR

En la mejilla de Ahmad hay un lunar que hechiza
a todo hombre libre de amor:

Parece un jardín de rosas cuyo jardinero es un
abisinio.

Del poeta granadino Abd al-Aziz ben Habra,
apodado al-Munfatil (siglo xi)

ESCENA BÁQUICA

CUANDO vi alejarse al día, moribundo, y acercarse a la noche, llena de juventud;

cuando el sol aún esparcía el azafrán de sus últimos rayos en las colinas, pero ya desmenuzaba el negro almizcle de la sombra sobre los valles,

entonces hice salir la luna del vino, a cuyo lado tú eres el astro Mercurio, y la rodeé de las estrellas de los comensales.

De BEN SIRACH, de Córdoba (m. 1114)

ESCENA DE AMOR

Cuando la noche arrastraba su cola de sombra, le di a beber vino oscuro y espeso como el almizcle en polvo que se sorbe por las narices.

La estreché como estrecha el valiente su espada, y sus trenzas eran como tahalíes que pendían desde mis hombros.

Hasta que, cuando la rindió la dulce pesadez del sueño, la aparté de mí, a quien estaba abrazada.

¡La alejé del costado que amaba, para que no durmiese sobre una almohada palpitante!

BEN BAQUI, de Córdoba (m. 1145)

UN JARDIN

Eʟ jardín de verdes altozanos se adorna para los espectadores con el color más bello,

como si hubiese expuesto en él su ajuar una doncella resplandeciente con sus collares de oro,

o se hubiesen vertido allí cazoletas de almizcle amasado con *ban* purísimo.

Los pájaros gorjean en los ramos, como si fuesen cantoras inclinadas sobre los laúdes.

El agua continua deja caer sus caños como cadenillas de plata y de perlas.

Son esplendores de hermosura tan perfectos,
que parecen la belleza de la certidumbre o el brillo
de la fe.

De ABD ALLAH BEN SIMAK, de Granada (m. 1145)

LAS MIESES

Mira el campo sembrado, donde las mieses parecen, al inclinarse ante el viento,

escuadrones de caballería que huyen derrotados, sangrando por las heridas de las amapolas.

Del *qadi* Iyad (1083-1149)

FIESTA EN UN JARDÍN

A LA sombra de aquel día giraban los deseos sobre nosotros como esferas astronómicas de felicidad.

Lo pasamos en un jardín al que una nube, armada con el acerado sable del relámpago, escanció la bebida de la madrugada.

El rojo vino nos dio como almohadas los macizos de murta, y parecíamos reyes sobre el trono de los verdes boscajes.

La mano del amor nos ensartó para la alegría: nosotros éramos las perlas, y los amores, los hilos.

Nos atacaban como lanzas los pechos de las doncellas, moviéndonos guerra, y para defendernos no vestíamos otra cota que nuestras pieles de *fanak*.

Ante nosotros se destapaban caras deliciosas, que parecían lunas entre la noche de las trenzas.

De ABU-L-QASIM BEN AL-SAQQAT,
de Málaga (siglo XII)

NOCTURNO

Vi brillar sobre el castillo de al-Ablaq al-Fard un relámpago que doraba y plateaba el manto de la noche.

Diríase que Sulayma se había asomado a las almenas más altas y nos hacía señas abriendo y cerrando su mano teñida de rojo.

Cuando cesó el resplandor, la noche volvió a extender su tinte negrísimo.

Pero el relámpago me desveló, y mi corazón como él palpitaba, aun siendo mi corazón más agudo y más brillante.

Pasé toda la noche halagando al deseo, pero el deseo avanzaba amenazador, y llamando en mi auxilio a la paciencia, pero la paciencia se resistía a venir.

Pedí ayuda contra la tristeza a las lágrimas reacias, y al cabo me asistieron con caudalosos raudales.

Reproché a mi corazón el que siempre se impresiona por el fuego que arde en la noche o por el relámpago que brilla.

Tal vez mi corazón piensa que el relámpago es la boca sonriente de la amada y el fuego su mejilla encendida.

Cuando en ensueños me visita tu espectro, nunca sé por qué te insinúas de ese modo.

Pero al fin se desgarró la oscuridad para dar paso al brillo del alba, como se hiende el verdín descubriendo el agua del estanque.

Las estrellas huían espantadas hacia el Occidente como los onagros galopan huyendo de la riada.

La súbita llegada de la aurora les produjo tal asombro, que las juzgarías pupilas amortiguadas.

Las Pléyades, acuciadas por el ocaso, parecían riendas brillantes sobre la cabeza de la tiniebla, que huía al galope.

Y los ojos no dudaban que las estrellas de Orión eran una arracada de plata sobre el hombro de Géminis.

De Ben al-Bayya o Ben Zinba (siglo XII)

OPINIÓN CONTRADICHA

¡Proteja Dios una velada, exenta de censor, que nos acogió y nos dio asilo en Hawr Muammal!

Venía del Nachd un perfume que al soplar difundía el aroma del clavo.

Cantaba la tórtola entre el boscaje y se curvaban los ramos de arrayán sobre el arroyo.

¡Verías el jardín alborozado porque fue testigo de abrazos, retozos y besos!

—¡Por vida tuya, que no alegró al jardín nuestra llegada, sino que, antes bien, nos mostró odio y envidia!

No aplaudió el río de júbilo por vernos cerca, y si la tórtola cantó, fue porque estaba triste.

No seas tan bien pensado como es digno de ti, que no en todas partes obran derechamente.

Si el horizonte hizo asomar sus luceros, creo que no fue sino para espiarnos.

Los cuatro primeros versos son de ABU CHAFAR AHMAD BEN SAID (m. 1163). Los otros cuatro, contestación a los anteriores, de su amante la poetisa granadina HAFSA LA RAKUNIYYA

LA ALCAHUETA

Alcahueta que hace gala de su oprobio, más encubridora que la noche para el caminante.

Entra en toda casa, y nadie sabe hasta qué punto penetra en ella.

Cortés, acogedora del que encuentra; sus pasos no molestan al vecino.

Su manto no se dobla nunca, más inquieto que bandera de combate.

Aprendió desde que conoció su utilidad, la diferencia que hay entre crimen y astucia.

Ignora dónde está la mezquita, pero conoce bien las tabernas.

Sonríe siempre, es muy piadosa, sabe muchos chismes y cuentos.

Posee la ciencia de las matemáticas y la industria de hacer horóscopos y hechizos.

No puede pagarse zapatos de su bolsa, pero es rica en medio de la miseria.

Capaz sería, por lo suave de sus palabras, de unir el agua con el fuego.

De ABU CHAFAR AHMAD BEN SAID (m. 1163)

EL VALLE DE ALMERÍA

¡Valle de Almería! ¡Haga Dios que jamás me vea privado de ti! Cuando te veo, vibro como vibra, al ser blandida, una espada de la India.

Y tú, amigo, que estás conmigo en su paraíso, goza de la ocasión, que hay aquí delicias que no existen en el paraíso eterno,

y bebe, mientras arrulla la paloma, que su canto es más placentero para mí que el de al-Garid y Mábid.

¿No ves cómo el río se emociona? Suena el aplauso de su murmullo debajo de los árboles, que se balancean sobre él, como danzarinas a quienes las flores sirven de collares,

y dejan caer sobre las láminas del agua las mangas de sus ramas, para después levantarlas de encima de perlas esparcidas.

El céfiro arruga en escamas la superficie de la corriente, como una coraza de plata, o un sable, o una lima.

De BEN SAFAR AL-MARINI, de Almería
(Siglo XII)

LA MAREA EN EL GUADALQUIVIR

El céfiro rasgó la túnica del río, al volar sobre él, y el río se desbordó por sus márgenes para perseguirlo y tomar venganza.

Pero las palomas se rieron de él, burlándose al abrigo de la espesura, y el río, avergonzado, tornó a meterse en su cauce y a ocultarse en su velo.

Del mismo

ESCENA DE AMOR

Cuando el sol se inclinaba para alejarse, le fijé, para que cumpliera su promesa de visitarme como un sol, el momento en que la luna de las tinieblas hace su viaje nocturno.

Y vino como la claridad de la aurora que se abre paso entre las tinieblas, y a veces como pasa el céfiro sobre el río.

En torno mío se perfumaban los horizontes, anunciándome su llegada como el aroma anuncia la flor.

Yo recorrí con mis besos las huellas de su paso como el lector recorre las letras de la línea.

Y pasé con ella la noche, mientras la noche dormía y el amor despertaba entre la rama de su talle, la duna de sus caderas y la luna de su rostro.

Unas veces la abrazaba y otras la besaba, hasta que el estandarte de la aurora nos llamó para alejarnos.

Y se rompieron los collares del abrazo entre nosotros. ¡Oh noche de *al-qadr*, suspende la hora de la separación!

Del mismo

LA AMADA

Cuantos miran sus ojos, quedan prendados; que el vino bebe la razón del que lo bebe.

Todos temen su mirada, menos ella, pues ¿acaso hace temblar la espada el corazón del que la empuña?

Alzóse hacia ella mi vista, mientras lloraba, y vio desatarse las nubes bajo el sol de su frente.

Recordando su talle, gimo de amor, como las palomas que lloran sobre las ramas.

Su separación ha dejado en mi pecho una negra tristeza, como las tinieblas vienen cuando se pone el sol.

Del alfaquí cordobés Umar ben Umar, *qadi* de Córdoba y Sevilla en tiempo de los Almohades

DISCULPA

No me tachéis de inconsecuente porque mi corazón haya sido apresado por una voz que canta:

Hay que estar serio unas veces y otras dejarse emocionar: como la madera, de la que sale lo mismo el arco del guerrero que el laúd del cantor.

Del alfaquí cordobés IBRAHIM BEN UTMAN
(Siglo XII)

EL BAILARÍN

Con sus variados movimientos, juega con el corazón, y se viste de encantos cuando se desnuda de ropas;

ondulante como la rama entre sus jardines; juguetón como la gacela en su cubil.

Con su ir y venir, juega con la inteligencia de los espectadores, como la fortuna juega como quiere con los hombres;

y oprime con los pies su cabeza, como la espada bien templada, que puede doblarse hasta unir la empuñadura con la punta.

De Ben Jaruf, de Córdoba (m. hacia 1220)

EL MANCEBO SASTRE

¡Hijos de Mugira! En vuestra tribu tengo un pequeño antílope, al que la sombra de vuestras lanzas dispensa de buscar escondite entre los espinos.

El caballo de su taburete está orgulloso de sustentar a este héroe, armado con solo una aguja, que parece una pestaña de sus párpados;

aguja que, revoloteando sobre el vestido de seda que cose, parece una estrella fugaz, seguida del rastro de luz del hilo.

Toda lengua quisiera ser acerico de su aguja cuando termina de bordar los vestidos rayados.

Cuando tuerce el hilo, el hilo tuerce mi cora-
zón. ¡Ojalá mi corazón pudiera seguirle como el
hilo!

Del mismo

EL ALBA

CUANDO apareció la luz de la aurora y la vi sacu-
dirse de su límpida frente el sudor del rocío,

dije a mi amada: «Temo que el sol descubra
nuestro secreto»; mas ella dijo: «¡A Dios no plazca
que me descubra mi hermano!».

Del alfaquí granadino SAHL BEN MALIK (1163-1249)

PROFESIÓN DE AMOR *UDRÍ*

Yo soy, como quieres y deseas, un amante apasionado, un poeta ilustre, noble, generoso.

El Iraq me ha amamantado al pecho de su amor, Bagdad me ha conquistado con su mirada.

Cuando el dolor se prolonga, cuando la vigilia se apodera de mis párpados, mi propio sufrir me sirve de descanso:

Método que fundó Chamil y cuya rigidez aumentaron los que, como yo, vinieron después.

Del poeta granadino BEN MUTARRIF (siglo XIII)

LA BATALLA

¡Oh Dios! Los estandartes de los caballeros se cernían como pájaros en torno a tus enemigos.

Las lanzas puntuaban lo que escribían las espadas; el polvo del combate era la arenilla que secaba el escrito, y la sangre lo perfumaba.

De Ben Said al-Magribi (1214-1274)

EL VIENTO

No hay mayor alcahuete que el viento, pues levanta los vestidos y descubre las partes ocultas del cuerpo,

y ablanda la resistencia de las ramas, haciendo que se inclinen a besar la faz de los estanques.

Por eso los amantes lo emplean como tercero que lleva mensajes a sus amigos y enamorados.

Del mismo

A UN CABALLO NEGRO
CON EL PECHO BLANCO

Negro por detrás, blanco por delante, vuela entre las alas de los vientos.

Cuando lo miras, te muestra una noche oscura que se abre para dejar paso a la aurora.

Los hijos de Sem y los de Cam viven en él en paz y no escuchan las palabras del que los encizaña.

Las pupilas no se prendan de, él, hasta que ven que su hermosura tiene el negro y el blanco pronunciado de los ojos de las hermosas.

Del mismo

III

POETAS DEL ORIENTE
DE AL-ÁNDALUS

LOS VASOS

Eran pesados los vasos, cuando vinieron a nosotros; pero, cuando estuvieron llenos de vino puro,

se aligeraron y estuvieron a punto de volar con lo que contenían, del mismo modo que los cuerpos se aligeran con los espíritus.

De IDRIS BEN AL-YAMAN, de Ibiza (siglo XI)

SÁTIRA

Tienes una casa en donde se celebran vela-
das musicales perfectas para entretenemos. Pero
entendámonos:

Las que cantan son las moscas; los que tocan
la flauta en torno, los mosquitos; y las danzarinas,
las pulgas.

De Ben Saraf, de Qayrawan (m. 1068)

EL VELLO

Era barbilampiño, de un puro color de oro, capaz de hacer llorar de amor a una nube sin agua.

Cuando le salió el vello, no lo podía soportar, como un potro es indócil a la incógnita brida.

Al verme, bajaba la cabeza desolado y se revestía de timidez.

Pensaba que el vello haría cesar en mí el cariño que por él sentía.

Mas yo no vi en el vello de sus mejillas más que tahalíes que ceñían los sables de su mirada.

De Ben Rasiq, de Masila (1000-1070)

EL LUTO EN AL-ÁNDALUS

Sı es el blanco el color de los vestidos de luto en al-Ándalus, cosa justa es.

¿No me ves a mí, que me he vestido con el blanco de las canas, porque estoy de luto por la juventud?

De ABU-L-HASAN AL-HUSRI, «el Ciego» (m. 1095)

LOS LUNARES

Levantó sus ojos hacia las estrellas, y las estre-
llas, admiradas de tanta hermosura, perdieron pie,

y se le fueron cayendo en la mejilla, donde con
envidia las he visto ennegrecerse.

De Ben al-Labbana, de Denia (m. 1113)

MUTAMID Y SU FAMILIA
EMBARCAN PARA EL DESTIERRO

Todo lo olvidaré menos aquella madrugada junto al Guadalquivir, cuando estaban en las naves como muertos en sus fosas.

Las gentes se agolpaban en las dos orillas, mirando cómo flotaban aquellas perlas sobre las espumas del río.

Caían los velos porque las vírgenes no se cuidaban de cubrirse, y se desgarraban los rostros como otras veces los mantos.

Llegó el momento, y ¡qué tumulto de adioses, qué clamor el que a porfía lanzaban las doncellas y los galanes!

Partieron los navíos, acompañados de sollozos, como una perezosa caravana que el camellero arrea con su canción.

¡Ay, cuántas lágrimas caían al agua! ¡Ay, cuántos corazones rotos se llevaban aquellas galeras insensibles!

Del mismo

LA ALCACHOFA

Hɪᴊᴀ del agua y de la tierra, su abundancia se ofrece a quien la espera encerrada en un castillo de avaricia.

Parece, por su blancura y por lo inaccesible de su refugio, una virgen griega escondida entre un velo de lanzas.

De Bᴇɴ ᴀʟ-Tᴀʟʟᴀ, de Mahdiya (siglo xɪ)

EL BOZO

Sɪ amabas su rostro porque era un jardín donde crecía el fragante narciso y la rosa colorada,

ámalo más ahora y con mayor pasión, porque ahora con el bozo hay también violetas.

De Bᴇɴ Aɪsᴀ, de Valencia, secretario de Alí ben Yusuf ben Tasufin (siglo xɪɪ)

AUSENCIA

Sin cesar recorro con mis ojos los cielos, por si viese la estrella que tú estás contemplando.

Pregunto a los viajeros de todas las tierras, por si encontrara alguno que hubiese aspirado tu fragancia.

Cuando los vientos soplan, hago que me den en el rostro, por si la brisa me trajese tus nuevas.

Voy errante por los caminos, sin meta ni rumbo: tal vez una canción me recuerde tu nombre.

Miro furtivamente, sin necesidad, a cuantos me encuentro, por si atisbara un rasgo de tu hermosura.

De Abu Bakr al-Turtusi (1059-1126)

87

EL CABALLO BLANCO

Blanquecino como el lucero a la hora en que se eleva el sol, avanzaba orgulloso, enjaezado con la silla de oro.

Alguien dijo, envidiándome, al verle marchar tras de mí al combate:

«¿Quién ha embridado a la aurora con la Pléyade y ha ensillado al relámpago con la media luna?».

Del médico y filósofo Abu Salt Umayya,
de Denia (1067-1134)

LA MARGARITA

Un airoso mancebo giraba en nuestro torno, lle-
nando las copas y reavivándolas, a la hora en que
el sol ya se había levantado y había ya brillado la
aurora.

El jardín nos había mostrado sus anémonas y
daba su perfume el mirto, oscuro como el ámbar.

«¿Dónde está la margarita?», dijimos, y el jardín
nos contestó: «La he dejado en la boca de quien
sirve los vasos».

Y el copero lo negaba; pero cuando sonrió, se
descubrió el secreto.

De Ben al-Zaqqaq, de Alcira (m. hacia 1135)

LAS ROSAS

LAS rosas se han esparcido en el río, y los vientos, al pasar, las han escalonado con su soplo,

como si el río fuese la coraza de un héroe, desgarrada por la lanza, y en la que corre la sangre de las heridas.

Del mismo

ESCENA BÁQUICA

ESCANCIA en rueda el vino en el jardín cubierto de escarcha. La sentencia de la aurora se cumple ya sobre las tinieblas.

El vaso de vino nos mira con las pupilas de sus burbujas, que sustituyen para nosotros a los ojos lánguidos.

No es que se hayan ocultado las estrellas del horizonte, sino que se han trasladado de los cielos a los jardines.

Del mismo

LOS ARRIATES DE ANÉMONAS

Los arriates de anémonas brillan a la hora en que el sol se levanta, y el céfiro se balancea en ellos.

Los visité cuando la lluvia rasgaba flores de un rojo más intenso que el color del vino.

«¿Qué culpa tienen?», pregunté; y la lluvia me contestó: «Han robado el color rojo de las mejillas bonitas».

Del mismo

EL ARCO

Me maravillo de la ingratitud del arco, porque no es leal con las palomas del boscaje.

Cuando era rama, fue su amigo, y ahora que es arco, las persigue. ¡Así son las vicisitudes de los tiempos!

De Ahmad ben Waddah, apodado al-Buqayra, de Murcia (muerto hacia 1135)

ESCENA DE AMOR

Sus miradas eran de gacela; su cuello, como el del ciervo blanco; sus labios rojos, como el vino; sus dientes, como las burbujas.

La embriaguez la hacía languidecer en su túnica bordada de oro, que la ceñía como las estrellas brillantes se entrelazan en torno de la luna.

La mano del amor nos vistió en la noche con una túnica de abrazos que rasgó la mano de la aurora.

De Ben Jafacha, de Alcira (1058-1138)

94

EL NADADOR NEGRO

Un negro nadaba en un estanque, cuya agua no ocultaba los guijarros del fondo.

El estanque tenía la figura de una pupila azul donde el negro era la niña.

Del mismo

EL CABALLO ALAZÁN

Era un caballo alazán con el cual se encendía la batalla como un tizón de coraje.

Su pelo era del color de la flor del granado; su oreja, de la forma de una hoja de mirto.

Y, en medio de su color bermejo, surgía en su frente una estrella blanca, como las níveas burbujas que ríen en el vaso de rojo vino.

Del mismo

EL RÍO

¡Oh Dios, qué bello corría el río en su lecho, más apetecible para abrevarse en él que los labios de una bella,

curvado como una pulsera, rodeado por las flores como por una Vía Láctea!

A veces se estrechaba hasta parecer un pespunte de plata en una túnica verde.

Las ramas lo rodeaban como si fuesen pestañas que orillan una pupila zarca.

El viento retozaba con los ramos y cabrilleaba el oro del crepúsculo sobre la plata del agua.

Mientras yo ofrecía en él un vino dorado, cuyo reflejo teñía la mano de los invitados…

Del mismo

EL AZAHAR Y LA ROSA

Ensartamos nuestras rimas como un collar en honor del que presidía la tertulia,

en una casa a cuyo cobijo arrastramos el manto de la gloria.

Los luceros brillaban allí vivos como brasas; la noche exhalaba ámbar gris.

Nos perfumaba el azahar fragante, entreverado con la rosa,

como una blanca boca dulce que sonriese besando una mejilla.

Del mismo

EL JARDÍN

El río es dulce, como es dulce la saliva aromática de los labios del amante. El céfiro, que arrastra su húmeda cola, es perezoso.

Ráfagas de perfume atraviesan el jardín cubierto de rocío, cuyos costados son el circo donde corre el viento...

Yo enamoro este jardín donde la margarita es la sonrisa, la murta los bucles, y la violeta el lunar.

Del mismo

ESCENA BÁQUICA

El copero de mirada lánguida está en el apogeo de su hermosura: no hay paciencia que resista y sufra su belleza.

En sus mejillas arde un fuego de amor, que, sin embargo, aún no levanta humo de vello en sus sienes.

Escanció el vino cuando la media luna brillaba en la tarde, curva como el hierro de la lanza, que se dobla al chocar con la coraza del héroe...

Corre el negro corcel de la nube de lluvia, cuya fusta es el relámpago y cuyas riendas son el aquilón.

El azafrán del sol ha ungido el cuello del jardín, cubierto de las perlas dispersas de la escarcha.

La espesura divulga maliciosamente los secretos del jardín, sirviéndole la flor de boca y el céfiro de lengua.

Del mismo

EL MANCEBO CARPINTERO

Aprendió el oficio de carpintero, y yo me dije: «Quizá lo aprendió del aserrar de sus ojos en los corazones».

¡Desgraciados los troncos que se apresta a cortar, unas veces tallándolos y otras golpeándolos!

Ahora, que son maderas, comienzan a coger el fruto de su delito, de cuando, siendo ramas, se atrevieron a robar la esbeltez de su talle.

De Muhammad ben Galib al-Rusafi,
de la Ruzafa de Valencia (m. 1177)

EL MANCEBO TEJEDOR

Me decían, insistiendo en censurarme porque le amo: «Si no te hubieses enamorado de un muchacho vil, de baja condición…».

Yo les contesté: Si yo pudiese mandar en mi amor, tampoco le querría; pero ese poder no lo tengo.

Le amo por sus dientes como burbujas, por lo perfumado de su aliento, porque sus labios son dulces, y hechiceros sus párpados y sus ojos.

Es una pequeña gacela cuyos dedos no cesan de moverse entre los hilos, como mi pensamiento, al verlo, se mueve siempre entre galanterías.

Sus dedos juguetean alegres con la lanzadera sobre el telar, como juegan los días con la esperanza.

Oprimiendo la trama con sus manos o apretándola con sus pies, parece un gamo que se debate preso entre las redes.

Del mismo

EL RÍO AZUL

Eʟ río, de murmuradoras riberas, te haría creer, diáfano, que es una corriente de perlas.

A mediodía le cubren de sombra los grandes árboles, dando un color de herrumbre a la superficie del agua.

Y así lo ves, azul, envuelto en su túnica de brocado, como un guerrero con loriga tendido a la sombra de su bandera.

Del mismo

ESCENA BÁQUICA

UNA tarde serena, la pasamos bebiendo vino.

El sol, al declinar, apoyaba en la tierra la mejilla, para el descanso.

El céfiro levantaba la cola de la túnica de las colinas; la faz del cielo parecía la lisa superficie del río.

¡Bien por nuestra morada, donde se bebe por la noche, en un sitio en que no nos deleita más que el zureo de las palomas!

Gorjean las aves, languidecen los ramos, y la tiniebla se bebe el rojo licor del crepúsculo.

Del mismo

LA BOTELLA NEGRA

Yo elevo a los comensales mis quejas en este asunto de la botella, que se ha vestido con una túnica de color negro espeso.

Había expuesto en ella el sol del vino entre nosotros; mas este sol se ha ocultado en un ala de la noche tenebrosa.

La botella niega con su color las luces del vino, como el corazón del envidioso niega la mano del que le favorece.

De Ben Muchbar, de Murcia (m. 1191)

LA NORIA

¡Dios mío! La noria desborda de agua dulce en un jardín cuyos ramos están cubiertos de frutos ya maduros.

Las palomas le cuentan sus cuitas, y ella les responde, repitiendo notas musicales.

Parece un enamorado incurable que da vueltas en el lugar de las antiguas citas, llorando y preguntando por quien se alejó.

Y, como si hubiesen sido estrechos los conductos de los párpados

para contener las lágrimas, estallaron sus costados como párpados.

De Sad al-Jayr, de Valencia (siglo XII)

EL LUNAR

¡Oh tú que me reprochas mi pasión por Yahya!
¿Cuándo me veré libre de su amor?

Entre la mejilla y los labios tiene un lunar,
negro que ha venido a un jardín por la mañana,

y está indeciso sobre si cogerá la rosa del carri-
llo o la margarita de la boca.

De al-Nassar, de Valencia (siglo XII)

INSOMNIO

CUANDO el pájaro del sueño pensó hacer su nido en mi pupila, vio las pestañas y se espantó, por miedo de las redes.

DE ABU AMIR BEN AL-HAMMARA (siglo XII)

ESCENA DE AMOR 1

¡Qué hermosa es, y eso que la hermosura es una tan solo de sus cualidades! ¡No hay hechizo en el mundo fuera del de sus movimientos!

Es una luna tan bella, que si se dijese a la luna: «¿Qué quieres ser?», de cierto que diría: «Seré uno de sus halos».

Cuando la media luna del cielo está frente a ella, la ves como su imagen, cuando se mira al espejo.

El lunar puntúa en la página de su mejilla los *nunes* que escriben en ella los rizos de sus sienes.

Salí en su compañía, cuando la noche permite
que se aproxime, bajo su manto, el fuego de mi
aliento al fuego de sus encendidas mejillas.

La estreché como estrecha el avaro su tesoro,
abarcándola por todos lados,

y la entrelacé con las cuerdas de mis brazos,
porque es una gacela cuyas escapadas temo.

Mas mi castidad rehusó besar su boca,

el corazón quedó replegado sobre sus brasas.

¡Maravíllate del que siente arder sus entrañas
y se queja de sed, teniendo el agua en la garganta!

De Safwan ben Idris, de Murcia (1165-1202)

LOS REMOS DE LAS GALERAS

PARECE que no ocupan las bodegas más que ser-
pientes, desde que entraron, en tiempos de Noé,
por miedo del diluvio,

y que, al ver que el agua sube de nivel, cada
serpiente agita su lengua por un agujero.

De ALI BEN HARIQ, de Valencia (m. 1225)

LA BARCA

Apareció la barca como un nadador que avanzaba sin contraer los pies rígidos, veloz como el sacre que se abate asustando al milano.

Parecía una pupila que contemplaba el aire, orillados los párpados por las pestañas de los remos.

De Abu-l-Hachchach al-Munsafi,
de Almuzafes, en Valencia (siglo XIII)

LA LANZA

Era morena, mas el polvo del combate cubrió de canas su cabeza; que tras de la mocedad viene siempre la vejez.

Cuando extiendo con ella mi mano hacia los enemigos, parece la soga con la que saco sangre del pozo del corazón del héroe.

Del rey de Túnez Abu Zakariyya,
el primer hafsí independiente (m. 1249)

LAS BURBUJAS

Eʟ vaso, cuando lo llenaron de vino, se inflamó y se vistió una túnica de llamas.

Y, cuando subieron encima las burbujas, no vieron los ojos maravilla como esta:

Encima de unas brasas encendidas, granizos, que existían por ellas y que de ellas procedían.

Del mismo

EPÍLOGO

EPILOGO

ADVERTENCIA A LA EDICIÓN DE 1940

Cuando en 1930 apareció la primera edición de este librito, logró de la crítica y del público una acogida para mí inesperada. Sorprendió, sin duda, esta nueva cala en el alma de nuestra divina Andalucía. Por aquel entonces estaba, además, muy próxima la conmemoración del III centenario de don Luis de Góngora, por primera vez entendido, después de su época, por un grupo de eruditos y de artistas. Nuestros brillantes círculos poéticos se interesaban por la metáfora y la imagen. Y mi colección –por estar basada en un códice de Ben Said, que es cabalmente una antología de fragmentos metafóricos– servía este interés con documentos a la par arqueológicos y novísimos.

Han pasado diez años: una década más cargada que las de Tito Livio de vergüenzas, de lutos y de glorias.

Nuestro clima poético ha cambiado. También el autor ha cambiado un poco: le preocupan otros temas de la lírica arábigoandaluza, que conoce mejor que entonces; tiene tal vez un criterio algo distinto sobre la técnica de las versiones. Hubiera tenido que rehacer por completo este libro. Pero ¡qué verdad es la de que los libros llevan una vida independiente de sus autores! Todo esfuerzo de renovación se ha estrellado contra una forma definitivamente helada por diez años. En esta segunda edición, el libro, con retoques más o menos importantes, sigue siendo, esencialmente, nada más que una colección de fragmentos descriptivos y metafóricos. Fuera de él quedan provincias enteras de la poesía de los árabes de España.

Los retoques principales, aparte insignificantes rectificaciones, son: primero, la considerable ampliación del prólogo, que, conservando su tono, contiene ahora un bosquejo sumarísimo, pero completo, de la historia externa de la lírica arábigoandaluza, y segundo, la adición de cuarenta y dos nuevos fragmentos, traducidos con igual criterio, y —con pocas excepciones— obedientes al mismo espíritu. La arquitectura general del libro subsiste idéntica. Los poetas siguen agrupados geográficamente, para respetar la arquitectura clásica de las antologías andaluzas. Únicamente, dentro de cada sección, han sido clasificados por orden cronológico.

Una última observación. Poco después de 1930 la escuela de arabistas españoles adoptó un sistema científico de transcripción del alfabeto árabe, casi idéntico al de empleo internacional. Con arreglo a él han sido ortografiados de nuevo los nombres y vocablos arábigos, si bien, por necesidades tipográficas, se ha prescindido de los signos diacríticos, que los orientalistas podrán suplir sin grave dificultad. Solamente ha sido necesario, para evitar desviaciones fonéticas de bulto, transcribir la quinta letra del alifato por ch, según el uso antiguo. En los nombres propios, se escribe Ben en vez de Ibn, con objeto de darles una fisonomía más tradicional, deseable en obras, como esta, de pura vulgarización.

E. G. G.
Madrid, abril de 1940

ADVERTENCIA A LA EDICIÓN DE 1942

Razones editoriales y tipográficas me han impedido modificar el texto de la edición de 1940. Por ello creo conveniente advertir aquí que el códice de Ben Said, a que aludo en las páginas 13, 60-61 y 144, ha sido ya publicado por mí con el título *El libro de las banderas de los campeones*, de Ibn Said al-Magribi. *Antología de poemas arábigoandaluces*, editada por primera vez y traducida, con introducción, notas e índices. (Madrid, Instituto de Valencia de Don Juan [con la cooperación de la Hispanic Society of America], 1942).

E. G. G.
Madrid, noviembre de 1942

PRÓLOGO

Las cifras entre paréntesis que siguen a los nombres de algunos personajes indican las fechas de naci-miento y muerte, o al menos la de la muerte, y, si se tra-ta de reyes, las del período de su reinado. Las restantes cifras entre paréntesis remiten al número de orden de los fragmentos poéticos que forman esta colección.

Evolución de la poesía oriental

Hasta que el traspunte de la historia los llama a escena, permanecen los árabes ignorados, como escondidos en un rincón oculto del planeta. Eran finos y veloces como flechas, pero de corto alcance: se embotaban en las dunas del desierto natal. Solo Mahoma, certero sagitario, supo limpiar de arena estos dardos y dispararlos por el orbe. Los musulmanes llaman a la época anteislámica *Chahiliyya*, o sea «tiempos de ignorancia». Efectivamente, nada había perfecto en ellos, salvo dos cosas: la poesía y el amor. Quien lee las *muallaqas*, el *Kitab al-Agani* (Libro de las canciones) de Abu-l-Farach de Isbahan, o cualquier otra colección de poemas antiguos, se queda suspenso. El inmenso mar –todo blanca espuma– del desierto, sembrado de tiendas remendadas, pespunteado por hileras de camellos, emborronado de oasis y de palmeras, es un maravilloso universo de auténtica poesía. Y ya en aquellos tiempos Antara preguntaba:

¿Han dejado los poetas algo por remendar?

S OLO esta perfección inicial puede explicar la posterior evolución de la poesía arábiga. Cuando el corazón político del islam se desplaza primero de Arabia y luego de Damasco, tan cerca todavía del desierto, para sepultarse en los profundos senos mesopotamios de Bagdad, y se inficiona de asiatismo; cuando el califato pasa de las manos de los Omeyas, enamorados de la vida nómada, aristócratas beduinos de la vieja escuela, a las de los Abbasíes, déspotas del Oriente antiguo, encerrados en torres de autoridad, la poesía tradicional pierde un tanto su razón de existir. Se ha ahogado en las gargantas la ronca y áspera voz pastoril. El poeta no sabe ya contar las vértebras del camello, ni describir los matojos de las dunas, ni las sangrientas lides, ni los festines bárbaros, ni la libertad cristalina e infinita de la miseria y el hambre. Ya no es el oráculo político de la tribu, que celebra la victoria, insulta al enemigo o azuza a la venganza, sino el panegirista asalariado o el libelista insidioso. Su amada no es ya la beduina libre y magnífica de belleza, a pesar de su suciedad y sus harapos, porque se ha encerrado con un laúd en la cargada atmósfera del gineceo.

Los poetas de ahora no conocen el sol ni el desierto, sino las callejuelas, las librerías y los palacios, los alfilerazos de las tertulias y los aplausos de los donceles pervertidos. Algunos recitan en público, como aquel de Mosul, de quien nos habla Sabusti: «El rostro embadurnado de rojo, vestido con un manto de fieltro rojo y turbante rojo, con un bastón rojo en la mano y zapatos rojos en los pies». La poesía ha de cambiar, y estalla «la querella de los antiguos y los modernos». Bassar ben

Burd, Abu-l-Atahiya, Abu Nuwas, Ben al-Mutazz y luego muchos otros, como al-Sannawbari o Ben al-Hachchach, desde fines del siglo VIII hasta comienzos del X, ensayan nuevos temas: las flores de estufa, los estanques, los peces, la nieve, los amores difíciles o inmorales, los exquisitos protocolos del vino, las esclavas disfrazadas de garzones. Se hacen elegías a los gatos. Se adora lo extravagante, se va en pos de lo raro, se delira por lo artificial y lo ingenioso (*badí*):

> *Vino amarillo en vaso azul, escanciado por*
> *blanca mano: sol es la bebida, estrellas las*
> *burbujas, eje terrestre la mano, cielo la copa.*

Se embute en los versos la mayor cantidad posible de conceptos (*maani*). Y, aunque esta evolución afecta principalmente al fondo, y subsisten íntegros los viejos metros y, en definitiva, los antiguos cuadros complicados, comienza a diseñarse un poema báquico puro, breves cantos de amor aislados, meditaciones filosóficas independientes. La *qasida* tiende a convertirse en epigrama.

Pero la victoria de «los modernos» no llegó a ser total. ¡Fuerza poderosa, sobre todo entre los árabes, la del arcaísmo! En las letras musulmanas, fundamentalmente eruditas, seguía pesando enormemente la mole de la maravillosa poesía antigua, «archivo de los árabes», donde constaban las viejas riñas, las genealogías, y hasta la botánica y la geografía de las rutas de arena. Todos se la sabían de memoria, y los gramáticos pedantes la adoraban, la zurcían y la contrahacían con virtuosa habilidad. En el siglo X se preludia una restauración «neoclásica», (Abu Tammam, Buhturi, Maarri). El que había de llevarla a cabo definitivamente es el más grande poeta que los árabes han conocido después del islam: Mutanabbi (905-965). Alma ardiente, quizá no del todo ortodoxa; con un carácter lleno de orgullo, que se plegaba con dificultad a la mendicidad asalariada, por lo cual cambió a menudo de señores, ya que no podía prescindir de ellos; viajero incansable; conocedor del viejo y del nuevo ambiente, Mutanabbi concilia con rara fortuna y con un talento sin par todas las tendencias de la poesía árabe. Con algunas caídas, él sabe dar a las excentricidades de «los modernos», que usa ampliamente y afina, el esplendor de oro de otro tiempo. Carga su verso de electricidad ingeniosa, de sentidos intrincados, pero lo mantiene tenso, lleno de nervio elegante; espada de verdad, no de juguete. Épica, no la ha habido nunca propiamente entre los árabes; pero Mutanabbi, al cantar las luchas de Sayf al-Dawla con los bizantinos –Cruzadas prematuras–, alcanza en ocasiones un tono no distante del épico, aunque falto de la fuerza natural y colectiva de nuestras viejas gestas. Las sentencias conceptuosas y el lirismo filosófico, aunque la forma maravillosa oculte a veces un pensamiento vulgar, son su fuerte. Pero Mutanabbi ama, sobre todo, la vieja poesía, donde radica el alma esencial de su pueblo, el mundo ideal de su raza. Su «beduinidad» no es arcaísmo, sino inmersión en la conciencia eterna de los árabes. Cuando levanta de nuevo el muro de la vieja *qasida*, aunque dejando dentro muchas de las innovaciones ingeniosas de «los modernos», aprisiona para siempre la poesía árabe, que irá languideciendo –monótona, lacia, cansada– en una paulatina decadencia.

La poesía arábigoandaluza –objeto de este libro– deriva de la oriental, y en ella se reflejan las anteriores evoluciones. Los poetas anteislámicos eran muy estudiados en España, pero como tema arqueológico: no ejercieron influencia eficaz. «Los modernos» tampoco influyeron gran cosa, a no ser en brotes episódicos o en la parte de su estética que se incorporó a la neoclásica.

Porque, como veremos, la aparición en España de una poesía árabe digna de tal nombre coincide con el apogeo de esta última escuela. Hay que hacer, desde un principio, la salvedad de que, por lo general y aunque puedan señalarse algunas excepciones, la lírica arábigoandaluza es de una extrema pobreza intelectual. El Mutanabbi que influyó entre nosotros fue el ingenioso, más que el pensador. Encerrados en un rígido molde formal, los poetas musulmanes españoles, como sus colegas orientales, no pudieron alterar sino el fondo de la poesía, intentando darle novedad a fuerza de destilarlo en retóricos alambiques, hasta llegar a constituir esos deliciosos arabescos literarios, verdaderas Alhambras verbales, que son los poemas andaluces. Desprovistas de ordenación intelectual, y hasta muchas veces de humanidad –casi pura poesía decorativa–, falta a las lujosas *qasidas* españolas, complejas y grávidas, la suave elasticidad de la oda clásica. Están, más que cargadas de imágenes, recargadas. Tan recargadas, que la mayoría apenas se conservan o se estiman por entero. Como de un árbol granado con exceso, se desprenden de ellas –independientes– las metáforas y los pensamientos, que los letrados recogen en los azafates de las antologías. Salvo unos cuantos

193

divanes completos y algunas *qasidas* célebres, la mayor parte de la poesía arábigoandaluza ha llegado a nosotros desarticulada en fragmentos; pulverizada, aunque en irisado polvo de diamante.

ORIENTE Y OCCIDENTE
EN LA LÍRICA ARÁBIGOANDALUZA

En todo problema relativo a la España musulmana es preciso contestar previamente a una doble pregunta: de un lado, ¿qué dio al-Ándalus al islam?; del otro, ¿qué dio el islam a al-Ándalus?

En poesía, la respuesta es fácil. España dio al islam su lírica propia, de la que aquí se prescinde, la de los *zéjeles* y *muwassahas*, estudiada por Ribera. Y el islam dio a España la lírica clásica, la *qasida* del desierto. Cuando Abd al-Rahman I, al venir de Siria, cantaba a la palmera que plantó en Córdoba:

> *¡Oh palma! Tú eres, como yo, extranjera*
> *en Occidente, alejada de tu patria,*

no solo eran extranjeros el príncipe y la palmera, sino también la poesía en que la cantaba.

Distinguir en el apretado tejido de la lírica arábigoandaluza cuáles hilos vinieron del Oriente y cuáles otros del Occidente; separar, en este coro de voces, qué acentos o qué timbres ha creado la latitud geográfica española, es empresa deliciosa y ardua que, por fuerza, queda reservada a la erudición del porvenir. Hoy no es la hora de llevarla a cabo, sino solo de darse cuenta de las dificultades que entraña y de las delicadas cautelas con que es forzoso acometerla. Desde luego, será preciso un conocimiento detallado y minuciosísimo de los dos extensos orbes poéticos, que hoy no se encuentran estudiados del todo y, en buena parte, ni siquiera editados. Pero, aun supuesta esta labor previa, la discriminación habrá de resultar muy espinosa. Por ejemplo, es evidente que cuando un poeta andaluz canta temas orientales o «beduinos» (como el desierto, o el camello, o el campamento abandonado por la amada), trabaja con entera licitud sobre materiales de su propiedad, puesto que pertenecen nada menos que al mundo ideal y mitológico de su raza. También, más tarde, en las ásperas sierras ibéricas se ha de hablar de Atenas o del Olimpo. ¿Qué

quedaría de la poesía castellana del siglo de oro si le qui-
tásemos sus alusiones mitológicas, porque son grecorro-
manas, sus citas o imitaciones bíblicas y sus préstamos
de la lírica toscana? ¿Qué quedaría de la poesía hispano-
americana si le quitásemos sus préstamos de la española
peninsular? Todo esto sin contar con que es necesario
ponerse en guardia contra posibles exageraciones de la
influencia racial. Las razas son abstracciones cómodas
para explicar los fenómenos históricos, pero de origen
empírico y poco definibles en cuanto a su esencia mis-
ma. Nada más aventurado que precisar las interferencias
entre los mundos de la sangre y del espíritu.

Limitémonos, por ahora, a sugerir algunos datos
sobre la historia externa de la lírica arábigoandaluza.

El período de los dos Emiratos

Durante toda la etapa de los dos Emiratos, depen-
diente e independiente, o sea desde el año 711 al 929,
la poesía andaluza se encuentra en período de oscu-
ra formación, en medio de las luchas y fricciones que
caracterizan la constitución de una sociedad que nace

entonces, y mientras un orden nuevo se va afianzando con lentitud, burlando las embestidas de la anarquía. Eco apagado de lejanos orientes, la poesía se cultiva en dos medios muy distantes entre sí: de un lado, por príncipes (como Abd al-Rahman, I y Abd al-Rahman II, y, en general, por los restantes emires omeyas), o por magnates (como el famoso y bravo caudillo árabe Said ben Chudí), que distraen sus melancolías, exaltan sus hazañas o cortejan a sus mujeres; de otro, por poetastros nada brillantes (Chawana ben al-Simma, Bakr al-Kinani, Abbas ben Nasih, Garbid, Qarluman, Ubaydis, Ben Samra, al-Qalfat, Abu-l-Majsi, Ben Qulzum, Hasana Tamimiyya, etc.) En estos últimos puede observarse el tránsito progresivo entre la condición antigua y la moderna de los cantores áulicos. Unos todavía, como en los viejos tiempos anteislámicos, sirven de lengua política a su bando o facción, y sus poemas, aunque pedestres, son arengas bélicas, libelos de propaganda o boletines de estado mayor. Otros, en cambio, sin perder nunca cierto matiz político, son ya turiferarios asalariados de una realeza decorativa. Si alguno sobresale entre ellos, es más por su vida pintoresca que por el mérito de su obra, como el famoso y bellísimo Gazzal (m. 864), que llegó a enamorar a una emperatriz bizantina, o Ben Firnas (m. 887), célebre por sus invenciones y que, nuevo Ícaro, se vistió de plumas y logró volar algún trecho, aunque no sin cierto detrimento de su persona.

Lo apasionante en esta época es, para el erudito, seguir el curso de las aportaciones orientales. La poesía de Bagdad se difundía, en gran parte, en las trémulas ediciones musicales de las esclavas cantoras venidas a España, como Qamar y Achfa. Sobre el entusiasmo que esta última producía en los andaluces conocemos una pintoresca historia narrada por al-Arqami y conservada por Maqqari (II, 97-98): Al-Arqami y su amigo Abu-l-Saib fueron a casa del dueño de la esclava, y entraron en una habitación con solo «dos divanes que habían perdido la tela, quedando en pura urdimbre, rellenos de crin vegetal, y dos taburetes cojos». Salió, al fin, la famosa cantora, a la que no habían visto nunca. «Era rojiza y llevaba encima una tela de Harat, de color amarillo, desteñido a fuerza de lavados. Sus piernas, de sucias que estaban, eran negras como la noche. Pero cuando templó el laúd y rompió a cantar:

Se acabó el disimulo. Dondequiera que te escondas,
saldrá a luz y se sabrá tu secreto...

estancia y ejecutante se transformaron. Los dos visitantes se revolcaron en los divanes, cayendo al suelo». «Yo –dice al-Arqami– tiré mi *taylasan*, y, cogiendo una colcha, me la puse en la cabeza, gritando como se pregonan las judías en la ciudad. Abu-l-Saib se levantó, cogió una cesta que había en la habitación, llena de botellas de aceite, y se la puso en la cabeza. El dueño de la esclava, que hablaba con media lengua, gritaba: ¡Mis botenas!, queriendo decir: ¡Mis botellas! Las botellas se tambalearon y se rompieron, y el aceite corrió por el rostro y el pecho de Abu-l-Saib...». La esclava fue después adquirida por Abd al-Rahman I.

El apogeo de la influencia oriental en este período lo marca la entrada en España del célebre cantor Ziryab, el *Pájaro Negro*, expulsado de la Bagdad de Harun al-Rasid por celos de su maestro Ishaq al-Mawsili, y generosamente acogido en Córdoba por el emir Abd al-Rahman II (821-852), el contemporáneo de Carlomagno. Con él entraron a bandadas en Andalucía las canciones orientales, de remoto origen grecopersa, que han sido la matriz melódica de nuestra música nacional. Él las cantaba en su laúd especial, que pulsaba con plectro de pluma de águila y al que añadió la quinta cuerda entre las cuatro tradicionales: la prima amarilla, roja la segunda, la tercera blanca y el negro bordón. Con Ziryab la alta sociedad cordobesa aprendió además las más exquisitas novedades de Oriente: peinarse con flequillo, comer espárragos, usar vajillas de cristal y manteles de cuero.

En esta colección no se incluyen las poesías de este período, nada importantes en sí mismas. Las grandes innovaciones literarias de la época poco tienen que ver con la poesía clásica. Una es la producción de poemas históricos (*archuzas*), que han permitido a Ribera suponer la existencia de una épica andaluza romanceada anterior. La otra, de mucha mayor trascendencia, es la invención de la *muwassaha*, que los textos atribuyen a un poeta ciego, Muqaddam de Cabra, que vivió en la época de los últimos emires independientes.

El período del Califato

La lírica arábigoandaluza no logra su plena sazón, su mediodía estético, hasta el siglo x, coincidiendo con la proclamación del Califato (929). La sagaz política omeya había triunfado de todas las crisis: ya no enfervorizaba San Eulogio los cenobios mozárabes, ni el águila andaluza anidaba en Bobastro. Las aportaciones culturales de Persia y de Bizancio se fundían con la vieja solera andaluza. Para presidir la fusión contaba España con un elemento neutral y de la mayor valía: la dinastía omeya, que, siendo de la más pura sangre árabe, y, por tanto, no española, era, además, acérrima enemiga de los abbasíes de Oriente. En Córdoba se hablaba árabe y romance, sonaban las campanas y las voces de los almuédanos. Algunos poetas que visitaban las iglesitas mozárabes renovaban el viejo uso de los cantores beduinos que iban a beber vino en las solitarias dunas del desierto. La convivencia de todas las razas y de todas las religiones había creado una atmósfera moral diáfana; exquisita. Era la misma civilización de la Bagdad de *Las mil y una noches*, pero desprovista de todo lo oscuramente monstruoso que para nosotros tiene siempre el Oriente; occidentalizada por el aire sutil y campero de Sierra Morena. El poder asimilador de Córdoba lo aceptaba todo, pero todo lo transformaba depurándolo: si la bandera y el luto eran negros en Bagdad, en Andalucía eran blancos. Los reinos cristianos del Norte hacían una pobre vida de aldea, y los verdaderos reyes de España eran los señores de Córdoba:

Abd al-Rahman, al-Hakam, Almanzor. Las naves en penumbra de la Gran Mezquita, las ruinas maravillosas de Madinat al-Zahra, sobre las cuales pastan hoy toros bravos, las telas y las cajitas de marfil que aún custodian catedrales y museos, nos hablan todavía de aquellas glorias indelebles. Y también nos habla de ella la poesía contemporánea.

Los divanes de Mutanabbi y de otros célebres neoclásicos eran ya conocidos en España en tiempos de Abd al-Rahman III (912-961). Las cortes de este gran califa, de su hijo el sabio bibliófilo al-Hakam II (961-976), y del todopoderoso valido Almanzor (muerto en 1002) presencian la llegada de las embajadas culturales del Oriente, desde Abu Ali al-Qali (entró en 941), a Said de Bagdad (entró en 990). Llegan también misiones cristianas de Occidente, o cortejos bizantinos, cargados de pequeños tacos de mosaicos y de los códices de Dioscórides que han de iniciar en España el espléndido desarrollo de las ciencias naturales, que culminará en el siglo XIII. Todo un mundo nuevo de cultura fermenta en Córdoba. A la sombra de espadas invencibles, garrapatean los escribas, disertan los maestros apoyados en las columnas de la Aljama, los ricos pujan en las subastas de códices, cantan las esclavas, versifican los poetas y los eruditos ordenan las primeras antologías.

Los grandes poetas de la época, sin contar algunos rezagados del Emirato ni los autores de *muwassahas*, son: Ben Abd Rabbihi (m. 939), el autor del famoso libro *al-Iqd al-farid* (El collar único), que sus émulos llamaban «la ristra de ajos»; Ben Hani de Elvira (m. 972), que dejó pronto España por las cortes norteafricanas, y cuya poesía brillante y pedregosa comparaba al-Maarri con «un molino que triturase cuernos»; al-Zubaydi (m. 989); Ben Abi Zamanin (m. 1007); los mencionados por Ben Hazm en su *risala* histórica; el visir Mushafi (m. 982), desposeído y encarcelado por Almanzor; Ben Farach de Jaén (m. 976), autor de la famosa antología *Libro de los Huertos*, en que emuló el *Kitab al-zahra* de Ben Dawud de Isbahan; el romántico príncipe Taliq (m. 1009), también encarcelado por haber asesinado a su padre, de quien estaba celoso; Ben Sujays; al-Ramadi (m. 1022); Ben Idris al-Chaziri (muerto en 1003); Ben Darrach al-Qastalli (m. 1030), complicado y gongorino; Ben Burd (m. 1053), etc. Un poco más tarde, entre tantos otros, habría que citar los brillantes días del efímero califa Abd al-Rahman V Mustazhir (m. 1024), rodeado de literatos y literato él mismo.

La lírica arábigoandaluza ha ensayado ya todos los temas, desde los religiosos y los históricos hasta los impromptus sobre flores (*nawriyyat*), tan en boga en la corte de Almanzor.

Ben Suhayd y Ben Hazm

En la frontera misma de la España omeya con los reinos de taifa se yerguen dos figuras imponentes de la cultura arábigoandaluza: Abu Amir ben Suhayd y Ben Hazm. A entrambos estaba reservada la triste suerte de vivir la caída del Califato y de llorar sobre la ruina de los palacios de Córdoba. Cada uno a su modo, los dos demuestran el temple del alma omeya en la crisis más grave del islam español.

Ben Suhayd (992-1035), poeta y crítico, es el puro intelectual que, por su rango, no hace de las letras oficio, sino ministerio. Su poesía tiene a veces misteriosas resonancias modernas. Como crítico nos ha legado una *risala* en que se narra el viaje de un poeta al paraíso, precedente de la otra *risala* de Maarri y de *La Divina Comedia*. Perseguido por la intransigencia de los régulos alíes, sufrió luego una grave enfermedad que soportó con estoica entereza. Fue enterrado en el Jayr, un parque de Córdoba, donde se pudrió bajo las flores.

Ben Hazm (994-1063), a quien hoy su patria, por la pluma de Asín, ha rendido el merecido homenaje, es más significativo todavía. Su vida resulta un símbolo de la España de entonces. Elegante doncel de la alta sociedad omeya; político luego; desterrado y conspirador más tarde, se convierte por último en un intelectual agrio y trotamundos que defiende con insultos y acerada dialéctica originales concepciones jurídicas, filosóficas y teológicas. Hombre polemista (*rachul chadalí*) se hace llamar en uno de sus libros. Y polemista ambulante. Se le podría aplicar el verso suyo:

> *Parece hecho de esas nubes que el viento*
> *empuja sin cesar hacia otro horizonte.*

Su obra de polígrafo es inmensa. Entre su producción científica descuella la *Historia de las religiones*, que hoy podemos leer en castellano. Entre la literaria sobresalen sus *Confesiones*, libro áspero y profundo, y sobre todo su *Collar de la paloma* o *Libro del amor*, cuya traducción publicaré en breve[1*]. Es la *Vita nuova* de Andalucía: ramillete fragante de historias, poemas y análisis psicológicos y morales sobre el amor. Su poesía es, unas veces, caliente y apasionada (50), y otras se eleva a frías cimas de abstracción intelectual, desconocidas en la lírica arábigoandaluza (51). Era un español puro. Bien lo dice su verso:

> *¡Lejos de mí, oh perla de la China! Me*
> *basta con el rubí de España.*

LOS REINOS DE TAIFA (SIGLO XI)

La Córdoba omeya –mestiza del Oriente y el Occidente– estaba en equilibrio inestable. Su imperio, al derrumbarse, se fragmenta. Sobre sus ruinas se alzan los reyezuelos árabes, los príncipes bereberes y los esclavos palatinos. Se pierde la brújula política y, lo que es más grave, el ideal español. En el eterno tejer y destejer de la historia, si los Omeyas occidentalizaron el Oriente, los reyes de taifa orientalizan de nuevo el extraño occidente cordobés. Bagdad se refleja en microscópicas Bagdades.

---

1. Publicada en 1952, con prólogo de Ortega y Gasset.

Además, la situación exterior ha cambiado. La España cristiana despierta y tiende su mano a Europa: es la época de Mío Cid. Al otro lado del estrecho, los africanos se organizan en su desierto y crean un imperio. Entre uno y otro fuego, los reyezuelos, débiles y fastuosos, apenas gobiernan en sus deliciosas ciudades, especie de repúblicas italianas con turbante. Época de festines y de crímenes, de pasiones y de caprichos, de puñal y de veneno. Gran época, por tanto, de poesía. «Los poetas –dice al-Saqundi– se balanceaban entre los reyes como los céfiros en los jardines y entraban a saco en sus tesoros con la vehemencia de al-Barrad».

Cada reyezuelo de taifa tendrá su especialidad: Mutawakkil de Badajoz, la erudición; Ben Di-l-Nun de Toledo, el fausto; Ben Razin, la música; Muqtadir de Zaragoza, las ciencias; Ben Tahir de Murcia, la elegancia en la prosa rimada. Pero en todas las cortes se cultivará, más que nada, la poesía, especialmente en la deliciosa Sevilla de los abbadíes, cuando la noble Córdoba languidece y los príncipes bereberes de la Alta Andalucía se entregan en manos de los judíos. Las aportaciones orientales son ya escasas. Se componen antologías, como la de Abu-l-Walid al-Himyari (m. hacia 1048) sobre las flores de la primavera; se siguen versificando *muwassa-has*. Pero, principalmente, se componen a millares versos neoclásicos. ¡Todos poetas! En Silves –anota Qazwini– cualquier labrador que guiaba su carreta de bueyes podía improvisar sobre el tema que se le propusiera. Los poetas cruzan toda España visitando las cortes, donde hay a su servicio aposentadores, alojamientos, gratificaciones, protocolos de audiencia, escalafones y cátedras: un impromptu puede valer un visirato. Solicitados a porfía, elevan la tarifa de los ditirambos: uno de ellos afirma que no escribirá un elogio por menos de cien doblas de oro, Otros fracasan y renuncian, retirándose de nuevo a sus campos o a sus oficios. Los altos personajes –reyes, visires, magnates, embajadores– se invitan, se excusan, se insultan, se envían regalos, se autobiografían, siempre en billetes poéticos en que se comparan con los astros o con las flores. ¡Todo poesía! Poesía en gran parte artificial y falsa, pero en la que no dejan de aflorar de vez en cuando los más nobles y eternos sentimientos humanos.

Si este delirio universal por la poesía hubiera de simbolizarse en una sola persona, habríamos de elegir a Mutamid, rey de Sevilla (1068-1091). Su padre, el terrible Mutadid (1048-1069); sus hijos –sobre todo el dulce Radi, rey de Ronda– fueron también poetas; pero él los supera a todos, y a todos sus contemporáneos, porque personifica la poesía en tres sentidos: compuso admirables versos; su vida fue pura poesía en acción; protegió a todos los poetas de España, e incluso a los de todo el occidente musulmán, cuando Sicilia y Qayrawan fueron, respectivamente, invadidas por los normandos y las tribus beduinas. ¡Maravillosa vida la de Mutamid! De joven, cuando príncipe, gobierna en el Algarve portugués, entre suaves placeres, en compañía de su apasionado amigo Ben Ammar, torcedor de su vida. Elevado al trono de su padre, siembra de luces el Guadalquivir y llena de música los blancos palacios entre los olivos del Aljarafe. Se casa con una esclava –Rumaykiyya–, que supo completarle un verso cuando ella lavaba en el río, junto a la Pradera de Plata. Para satisfacer su capricho de amasar adobes, le llena las albercas de alcanfor y de ámbar. Hace capitán de sus guardias, al Halcón Gris, un bandolero ingenioso. Conquista ciudades, se le mueren hijos, mata a hachazos a su mejor amigo, que le ha engañado. Para librarse de Alfonso VI acude a Yusuf el Almorávide; pelea y vence en Zallaqa (1086). Pero Yusuf lo traiciona enseguida, y Mutamid, rey poeta, nuevo David, es vencido por el Goliat africano. Encadenado en Agmat, junto al Atlas, llora hasta su muerte entre palmeras y chozas de adobe, evocando sus palacios y sus olivares sevillanos. Y todos los momentos de su vida se traducen en sus poemas.

Contemporáneo de Mutamid, pero de más edad que él, era Ben Zaydun (1003-1070), el más grande poeta neoclásico de España. Vivió primero en la oligarquía burguesa de Córdoba, su patria, cuyas ruinas y sitios de placer ha cantado con melancolía, y pasó más tarde a Sevilla, al servicio de los abbadíes. Pero Ben Zaydun es, sobre todo, el poeta del amor. Su amante era Wallada, princesa de sangre real, virago culta y elegantísima, que acabó por abandonarlo. Los poemas en que Ben Zaydun ha llorado su ausencia o su desdén –principalmente, la famosa *Qasida en nun* (53)– son verdaderas delicias de los árabes. Es poesía humana, muy próxima al gusto occidental. Faltan en ella los habituales colores brillantes. A veces incluso logra versos que tienen una lechosa claridad de mármol antiguo:

Cuando sus dedos blancos me alargaron
el ramo de jazmines, cogí luceros luminosos
de la mano de la luna.

Las luces blancas se combinan con sombras negras:

Al perderte, mis días se han cambiado
y se han tornado negros, cuando contigo
hasta mis noches eran blancas.

Blanco y negro, como un tablero de ajedrez, en que juega Ben Zaydun su partida de amor desesperado.

Otros grandes poetas de la época son: Ben Ammar de Silves (m. 1086), el amigo de Mutamid, personalidad novelesca y llena de hechizo, aventurero trágico, ambicioso y frenético, cuya estética —salvo en algunas sátiras venenosas o en algunos poemas apasionados— es de una elegante artificialidad decorativa; Ben al-Labbana de Denia (m. 1113), alma dulce y suave, con «don de lágrimas», famoso por su fidelidad a Mutamid después de la desgracia; Ben al-Haddad (m. 1087), visir de Almería, enamorado de la doncella mozárabe Nuwayra; Abu Ishaq de Elvira (m. 1066), terrible alfaquí, de carácter de esparto, que ocasionó los pogromos de Granada; Sumaysir, el satírico de la época; los hermanos Banu Qabturnuh, claras voces extremeñas, trémulas por un epicureísmo melancólico; Ben Wahbun de Murcia (m.

hacia 1087), cortesano diestro y libertino; Ben Sara de Santarén (m. 1123), metaforista audaz y enemigo del frío, del que se ha vengado cantando el fuego y los braseros; Ben Saraf de Berja (10521139), lleno de intención filosófica, etc.

¿Quién podría enumerar los centenares de poetas menores? Consten solo algunos nombres: Ubada ben Ma al-Sama, Ben Hisn, Ben al-Qutiyya, Ben al-Missisi, Ben al-Milh, Ben Chaj, Ben al-Bayn, Ben Muqana, al-Qurasi al-Usbuni, Ben Billita, Munfatil, al-Hachcham, al-Chazzar, Ben al-Batti, al-Nahli, Idris ben al-Yaman, etc., etc.

En este inmenso orfeón suenan todas las voces: ásperos tonos de alfaquíes que evocan el terror de los novísimos; sátiras retorcidas y emponzoñadas; alambicadas cortesías; invitaciones a robar el placer cuando duerme la desgracia; descripciones del vino, de las flores, de las mujeres y de las fiestas; ditirambos falsos e hiperbólicos; cantos de guerra; lamentaciones ante la imposibilidad de luchar contra el destino; jactancias, discreteos, amores y elegías. Como héroes de un byronismo prematuro, algunos poetas adoptan gestos de un cinismo donjuanesco:

*Me despojé de todo recato, pero me he
revestido de una gloria indespojable.*

¡Mundo extraño y apresurado el de este siglo XI anda-
luz, donde las lavanderas pasan de la orilla del río al tro-
no, y los reyes, del trono a la muerte o el destierro! Su
signo es el fracaso. El lánguido rey Mutasim de Almería
(1051-1091), pálido reflejo de Mutamid, lo decía cuando
en su propia alcoba reñían los almorávides que lo destro-
naban: «Todo me ha fallado, hasta la muerte».

LOS ALMORÁVIDES (1091-1146)

La tromba de los hijos del desierto se precipitó sobre
España, con los rostros velados, quizá –como decía un
poeta andaluz– para celar el pudor de su barbarie. Yusuf
el almorávide (m. 1107) hace que sus camellos pasen
el estrecho, espantando a los andaluces, que jamás los
habían visto. ¡Camellos en España! Al-Ándalus se afri-
caniza, vuelve a ser provincia, y, si logra de nuevo esta-
blecer la frontera contra los reyes cristianos, es a costa
de la pérdida de todos sus ideales. No deja de ser un

símbolo el que, aún en tiempos del Califato, fueran berberiscos los que arruinaran Madinat al-Zahra.

Yusuf, el emperador almorávide, apenas sabía árabe. En su primera venida, todavía como auxiliar, le cantaron los poetas andaluces y, al preguntarle Mutamid si les entendía, contestó: «No los he entendido, pero sé que piden pan». Vuelto a su imperio, Mutamid le escribe, aplicándole el verso de Ben Zaydun, antes citado, en que se habla de «noches blancas» por el amor y «días negros» por la ausencia.

Él cree que le piden esclavas de los dos colores, y, cuando el intérprete se lo explica, solo se le ocurre esta respuesta: «¡Por Dios, que es bonito! Contéstale que por él corren nuestras lágrimas y que nuestra cabeza nos duele por su alejamiento».

Parece que la poesía andaluza va a morir de pronto, incapaz de soportar el colapso. Por el momento, se repliega sobre sí misma, y espíritus cuidadosos se ocupan en eternizar el tesoro y ensilar la magnífica cosecha. Es la época de las grandes antologías: la *Dajira* de Ben Bassam de Santarén (m. 1147), y los *Collares de oro* de Ben Jaqan de Alcalá la Real (muerto en 1134 o 1140). Este último, no solo conserva los poemas de la generación anterior, encuadrándolos en biografías poéticas, escritas en una prosa rimada deslumbrante, sino que incluye también los versos de sus contemporáneos, compuestos muchos de ellos especialmente para la antología y dedicados algunos al propio Ben Jaqan, que se adelantaba así a la propaganda mutua de las modernas encuestas.

Porque la poesía andaluza no muere bajo los almorávides. Lo que hace, simplemente, es adaptarse a los tiempos nuevos. Dozy trasladó su saña anticlerical a los alfaquíes almorávides y denigró excesivamente la incultura africana, como destructora de la civilización andaluza. Pero ya hemos visto que la cultura de los reinos de taifa no era durable. Por otra parte, nada dura en lo humano. La dominación almorávide fue, además, tan breve —alrededor de medio siglo—, que no pudo asentarse en definitiva, ni perder del todo su aspereza de fruta agraz. El Oriente también declinaba, y su influencia sobre España era casi nula; antes, y por el contrario, comienza ahora la corriente migratoria que ha de llevar hacia Egipto y Siria a grandes figuras españolas (Abu Salt Umayya, Turtusi). La poesía española comienza fatalmente a declinar y a vivir de su pasado. Es de justicia, sin embargo, reconocer que los sucesores de Yusuf sucumbieron inmediatamente ante el embrujo de la cultura andaluza, y fueron más españoles que africanos. Sus cancillerías se pueblan con los versificadores y secretarios que quedaban de la época de los reyes de taifa. Algunos, como los Banu Qabturnuh y Ben Abdun (m. 1134), que dedicaron versos al trágico fin de los aftasíes de Badajoz, y el último nada menos que su tan famosa como insoportable *Qasida en ra*, entraron al servicio de los depredadores. En los medios oficiales almorávides trabajaron también ilustres figuras españolas de esta época: al-Sayrafi (m. 1174), Ben Abd al-Gafur, Ben al-Imam, Ben Aisa, Ben Abi-l-Jisal (muerto en 1145); etc.

Entre los muchos poetas provincianos que, más que con la cancillería central, mantenían relaciones con los gobernadores de comarca, figuran dos levantinos, de Alcira: Ben Jafacha (1058-1138) y su sobrino Ben al-Zaqqaq (m. 1134), que en su juventud trataron la generación anterior. El primero es uno de los más grandes poetas españoles, famoso, sobre todo, por las descripciones de jardines, que le han valido el sobrenombre de *al-Channán* (el Jardinero). Es género que, en Oriente, en la época de «los modernos», cultivó brillantemente Sanawbari. Los paisajes de Ben Jafacha (96 a 99) son deliciosos, y pintados con arte insinuante, como escenarios de idilios o partidas báquicas; pero sería exagerado ver en ellos un precedente de nuestra manera de entender la naturaleza. Su influencia fue enorme, y el estilo jafachí llega a los últimos tiempos del reino granadino. La habilidad de Ben al-Zaqqaq radica, en cambio, en la inimitable finura de matices con que supo transformar las metáforas gastadas per el uso, «de un modo —según al-Saqundi— que hace nueva su forma en los oídos y penetrante su enmohecido filo en las inteligencias». Ambos son —como Góngora en nuestras letras— la cima extrema de la lírica neoclásica, que, tras ellos, solo puede repetirse o declinar.

Otros poetas, en cambio, se esforzaban en vano por alargar la vida de pasados tiempos, intentando continuar, transeúntes de uno a otro círculo, los ya imposibles vagabundeos fructuosos. Su fatal desengaño rezuma en versos transidos de altanería melancólica. Citemos, entre ellos, al Ciego de Tudela (m. 1126) y al cordobés Ben Baqi (m. 1145). Este último, que nos ha dejado algunos admirables poemas de amor (59) y varios panegíricos ingeniosos, tenía la más alta idea de su condición. Sueña con alcanzar gloria entre los beduinos, cantándolos con primor,

para que los caballeros lleven mis versos por el
Valle de las Acacias o por el Valle del Espliego.

Pero fracasa, se impacienta y se queja:

Las rimas de la poesía lloran a todo llorar por
un árabe perdido entre los bárbaros.

Estos mismos poetas neoclásicos, que en otro tiempo
no hubieran empleado, en ocasiones solemnes, las for-
mas vulgares de la *muwassaha* y el *zéjel*, se ven forzados
a usarlas ahora. Porque en ciertos medios de la época
almorávide, tan falta de sazón, se advierte también como
una reacción contra las formas aristocráticas, y un gusto
especial por lo vulgar, lo popular, lo desvergonzado. Es
el momento de los satíricos violentos, de los poetas liber-
tinos y obscenos (*muchchan*), y de los grandes zejeleros.
La Bagdad de «los modernos» había conocido también
esta moda. Y así como hemos visto al Sanawbari revivir
en Ben Jafacha, la procacidad ingeniosa de Ben Hach-
chach parece asomar acá y allá en las historietas y los
versos de Nazhún, poetisa granadina, del Kutandi, del
ciego Abu-Bakr al-Majzumi, de al-Abyad, y sobre todo,

del rey de los zejeleros andaluces: Ben Quzman (m. 1160 o 1169). Su colección de zéjeles (es decir, *muwassahas* escritas en el dialecto vulgar, que, por su alejamiento de la lírica clásica, no encuentran sitio en esta colección) es, a la par, delicia, escándalo y problema de la erudición contemporánea. ¿Eran baladas callejeras, para cantarlas a plena voz ante la plebe? ¿Están escritas para tertulias de mozos elegantes o libertinos? No se sabe con certeza; pero son poemas espontáneos, juguetones, desvergonzadas, llenos de burlas y diminutivos, escurridizos, en estilo un poco *coq à l'âne*. Frente a la literatura de salón, son, en todo caso, una voz en la calle, que nos sirve para humanizar por contraste la lírica algebraica de los poemas clásicos.

LOS ALMOHADES (1146-1269)

Tras un breve período de segundas taifas, espejo turbio de las primeras, los almorávides fueron sustituidos en España por los almohades, que ya se habían adueñado de Marruecos. Su larga dominación, que dura más de un siglo y que no empieza a cuartearse hasta la derrota de

Las Navas (1212), dio a al-Ándalus paz y sosiego. Quizá el islam occidental nunca se ha parecido tanto a Roma. Las provincias se ensartan dóciles en un orden nuevo, que rigen con prudencia los califas y los *sayyids* almohades. Se alzan inimitables monumentos, como la Giralda, ancla de Sevilla, donde la gracia se derrama sobre la fortaleza, y se ensanchan momentáneamente, en el *décor large*, las mallas de un cálculo decorativo que luego volverá a apretarse más que nunca en las escenografías de Granada. Pero, en el fondo, el islam andaluz se iba agotando. Ya no hay apenas influencia oriental. La España musulmana vive definitivamente de su pasado y ha de alimentar, además, a los parásitos del África, civilizando los desiertos. Al-Ándalus pierde su delicioso confusionismo cosmopolita: cesa la tradicional política de tolerancia y son expulsados los mozárabes. Como respuesta a esta actitud, cuando los reyes cristianos, cada vez más fuertes y conscientes del destino nacional, cobren nuevos bríos y logren romper la frontera, ya no dejarán atrás focos musulmanes, como en Toledo; las ciudades conquistadas quedarán desiertas y serán repobladas con hombres del Norte, que edificarán en Córdoba y Sevilla iglesias góticas entre las casitas moras. La pérdida de la supremacía política hacía incluso que España fuese en cierto modo despreciada por los africanos, y al-Saqundi (m. 1231), para defender los fueros del islam español, tiene que escribir su célebre *risala* apologética, que yo he traducido al castellano.

Mientras las ciencias españolas llegan ahora a su apogeo, con Ben Tufayl, Averroes, Avenzoar y Ben al-Baytar, sigue, a pesar de todo, el entusiasmo por la poesía. Cuando Abd al-Mumin (1129-1162) pasa a España, el peñón de Gibraltar presencia una extraordinaria audiencia poética. Otra famosa dio Yaqub al-Mansur (1184-1198) en Aznalfarache. Este último califa, ante la inusitada afluencia de versificadores, se vio obligado en una ocasión a ordenar que no le recitasen más que los dos o tres primeros versos de cada poesía. Las cancillerías oficiales, tanto en España como en Marruecos, siguen dando empleo a muchos talentos andaluces: Abu Chafar ben Said (muerto en 1163), Avenzoar (1113-1192), Ben al-Jabbaza, Ben Muchbar (m. 1191), etc. Los famosos Banu Ganiya, que durante algún tiempo defienden todavía con honor, en las Baleares y el norte de África, las banderas almorávides, tienen también un cantor español: Ben Farsan. En las provincias viven magnates o poetas que versifican con destreza. La escuela levantina luce aún con al-Rusafi (m. 1177) o con Safwan ben Idris de Murcia (1164-1201), autor de una antología. Granada ve surgir una pléyade de poetisas, una de las cuales – Hafsa–, en sus amores con Abu Chafar ben Said, hace recordar los días de Rumaykiyya y Mutamid. Pero Sevilla tiene la primacía sobre todas las ciudades de España: Allí coinciden, en uno u otro momento, los poetas locales con los demás que visitan la metrópoli: al-Kasad, Ben Safar, March Kuhl (m. 1236), al-Munsafi, al-Liss, al-Asamm al-Marwani, etc. En las callejuelas sevillanas resuenan las risas de los zejeleros. Orillas de Triana o bajo la Torre del Oro pasan de noche las barquitas iluminadas con candelas, cambiando versos y músicas con las mujeres escondidas detrás de las barandas. Allí canta el más famoso poeta de esta época, o, al menos, el que ha alcanzado mayor nombradía en el islam: el israelita converso Ben Sahl (muerto en 1251), cuya voz tiene tan mansa e insinuante penetración «porque reunió las dos humillaciones: la de ser enamorado y judío». Ben Sahl murió ahogado «para que la perla volviese a su patria».

Síntoma evidente de la decadencia de al-Ándalus era, sin embargo, la expatriación definitiva de muchos de sus ingenios, que ya no iban, como en otros tiempos, a aprender en Oriente, para volver cargados de ciencia, sino a difundir la cultura española por las tierras remotas. Ben Chubayr (m. después de 1217), Ben al-Sabuni y Ben Jaruf (m. 1205) llevarán a otros climas nuestra poesía. Sustari (muerto en 1269) y, sobre todo, el gran murciano Ben Arabi (1165-1240), precursor de Dante, tan estudiado por Asín, llenarán las ciudades orientales de inquietantes fervores místicos y soñadas fantasmagorías, inoculando a los derviches y contagiándose de ellos. Los avances de la reconquista cristiana por levante formarán un escogido círculo literario andaluz en la corte hafsí de Túnez, donde escriben al-Qarta-channi, Ben Abi-l-Husayn, Abu-l-Hachchah Bayasi (1177-1225) y tantos otros.

En Túnez murió violentamente uno de los gigantescos epígonos de la cultura andaluza: el valenciano Ben al-Abbar (1198-1260), poeta y antólogo, en quien probablemente revive por última vez el nervio de los antiguos árabes de España. Él y Ben Said al-Magribi (m. 1274 o 1286), que vivió asimismo en Túnez y luego en Siria y Egipto, y que en el *Mugrib* y en sus otras antologías resumió los esfuerzos literarios de tres generaciones de su ilustre familia, cierran dignamente esta época de la poesía y de la erudición andaluzas.

El reino de Granada (1266-1492)

El epílogo de Granada, a pesar de su duración y de su importancia para tantos aspectos de cultura, no es más que eso: un epílogo. Ya están instalados los cristianos, merced a la espada de San Fernando, en las tierras de la Andalucía Baja. Los expulsados moros, en blancas bandadas, trepan por los riscos penibéticos o se aprietan en las playas de Málaga. Refugiados en un rincón de la península, con un exceso de población angustioso, los últimos moros españoles edifican Alhambras y fabrican loza, tejidos y armas para comprar su libertad. Vuelta la cara unas veces a Castilla, de la que son vasallos, y otras veces al África de los mariníes, se defienden con la esgrima de una sutilísima diplomacia. Pero los perfora el gusano del despotismo y de la anarquía.

Entre cientos de juristas, faquíes, comentadores, exégetas y compiladores, que viven todos a expensas del pasado, la poesía arábigoandaluza produce todavía dos figuras egregias que, aunque sin aportar nada nuevo, repiten con rara prestancia los ecos de otro tiempo. Uno es el visir Ben al-Jatib (1313-1374), polígrafo, retórico, historiador y poeta, que completa con imponente esfuerzo los gloriosos anales de al-Ándalus. El otro es también visir: Ben Zumruk (1333-1393), discípulo del anterior y no ajeno a su trágica muerte, que también había de ser la suya. Ben Zumruk, en quien la inspiración de Ben Jafacha ha encontrado la última resonancia, es tal vez, en todo el mundo, el poeta cuya obra ha sido editada con un lujo mayor. Sus *qasidas* decoran los muros de la Alhambra, bordean las pequeñas hornacinas, circundan las tazas de las fuentes. ¡Álbum maravilloso y siempre nuevo, que ilustran los surtidores y encuadernan los bosques melancólicos!

El islam occidental ha llegado al término de su carrera creadora. Ben Jaldun (1332-1406), de origen andaluz, empapado de cultura magrebí, que ha tratado a Tamerlán y a don Pedro el Cruel, presiente ya el Renacimiento.

Juegos de cañas en Bibarrambla, cabalgadas en la Vega, sangre de abencerrajes, esclavas cristianas, lides, ciudades que se pierden como novias, avemarías. El alcaide de los Donceles, la hermosa Jarifa, Boabdil, *¡Ay de mi Alhama!* Un buen día, los Reyes Católicos entran en Granada, donde dormirán para siempre su sueño de mármol. El arte nazarí entronca directamente con el clasicismo italiano y el plateresco. Poco después, frente a los versos de Ben Zumruk, Boscán conversará de poesía con Navagiero.

La historia —romance fronterizo, crónica del Cura de los Palacios, novela morisca— es más poética que la poesía misma. De este período no se incluyen fragmentos en la presente colección.

LOS TEMAS EN GENERAL

LA lírica arábigoandaluza ha tratado todos los temas, desde el ascético al satírico: cantos de guerra y de amor, ditirambos, trenos e invectivas y, particularmente, poemas descriptivos. No doy, sin embargo, ejemplos de todos.

Ya ha quedado anotada su pobreza intelectual, con raras excepciones. ¿Habría que advertir también su penuria sentimental? En realidad, esta poesía es pocas veces desbordamiento lírico de un alma. Casi siempre reviste una forma descriptiva, panegírica o epistolar, y la sombra del destinatario se proyecta excesivamente sobre el poema.

¿Hasta qué punto es sincera la poesía en ningún pueblo? El problema es arduo de resolver, pero no lo es afirmar que entre los árabes la insinceridad, o, mejor tal vez, el convencionalismo, está más acentuado que en otras literaturas. Los poetas, desde antes de empezar a componer, son ya esclavos de los símbolos y tópicos creados por sus predecesores, como lo son de unos metros intangibles. Ben Hazm describirá largamente su llanto, pero advertirá a continuación en prosa que no ha llorado nunca, y entonará laudes del vino, pero, terminado el poema, hará protestas de religiosidad y dirá que jamás lo probó. El destinatario de una declaración de amor en verso contestará en otro poema ambiguamente, «porque tal es el uso de la poesía»; pero adjuntará un billete en prosa para que se entienda que no. Todo esto sin hablar de la falsía radical de los ditirambos, donde la hipérbole convencional raya casi siempre en el delirio.

La poesía árabe no nos hiela en absoluto porque a través de sus poros rezuma una sensualidad que todo lo impregna de dormida lujuria, o de perezosa molicie, y porque, en algunas ocasiones, la fuerza del dolor o del amor rompe el enrejado de los clisés y de los tópicos.

Dentro del tema amoroso, sorprenderán quizá algunos fragmentos que revelan una peculiar psicología de ambigua castidad, donde el norte erótico es una mórbida perpetuación del deseo. No es lugar de hablar aquí por extenso de este interesante aspecto del islam, estudiado por Asín y Massignon. Baste saber que, ya en el desierto anteislámico, esta actitud amorosa fue característica de varias tribus beduinas, entre ellos la de Banu Udra (Hijos de la Virginidad), y que, más tarde, en la Bagdad del siglo X, el teólogo Ben Dawud de Isbahan (m. 909), en su libro *Kitab al-zahra* (Libro de la flor), hizo, según Massignon, «la primera sistematización poética del amor platónico». Los teólogos dahiríes, escuela a que pertenecía Ben Dawud, encontraron en este amor; que llamaron *udrí*, en recuerdo de sus predecesores del desierto, un sustitutivo del amor divino, que su doctrina les negaba. Este movimiento, que apasionó a Bagdad, y que encontró su víctima en Hallach (m. 922), como más tarde un movimiento análogo en Florencia había de encontrarla en Savonarola, repercutió enseguida en la Córdoba del Califato. Ben Farach de Jaén, en tiempos de al-Hakam II, compone un libro a imitación del de Ben Dawud (39). Más tarde, Ben Hazm, el más grade dahirí español, codifica en cierto modo el amor *udrí* en su delicioso *Collar de la paloma*. El poeta granadino Ben Mutarrif, ya en el siglo XIII, se confiesa todavía conquistado por el «amor del Iraq» y secuaz del método de Chamil el *udrí* (74). Y un fragmento del murciano Safwan ben Idris (108) recuerda casi textualmente el poema beduino de Hamza ben Abi Daygam en que dos amantes pasan juntos la noche, detrás de las tiendas, bajo un perfumado manto del Yaman, viendo caer la sombra y el rocío, para volver a la aurora «abrevados de casta retención, habiendo apenas calmado la sed del alma entre los labios». ¡Durante tres siglos todo el islam, de Bagdad a Murcia, canta y sistematiza el amor platónico! He aquí el movimiento que de Córdoba pasó a inspirar la «gaya ciencia» provenzal y el *dolce stil nuovo* de Guido Guinizelli, el maestro de Dante. Y, sin embargo, cuando el texto griego de Platón es abierto en los atriles florentinos, los árabes reciben para siempre el anatema de bárbara sensualidad.

Pero no todo es, naturalmente, amor platónico. Otros poemas nos muestran, al *ralenti* de los largos versos monorrimos, escenas de amor sensual, como epílogo de las orgías, o citas nocturnas junto a los ríos, curvos como pulseras, o en lugares de placer, como el Hawr Muammal de Granada (64), con la complicidad de los ruiseñores y bajo el espionaje de los luceros.

¿Y cuál es, en la poesía arábigoandaluza, el tipo ideal de mujer? El poeta Hazim al-Quartachanni nos lo pinta así en su célebre *Qasida maqsura*:

> *Si la describes de arriba abajo, es una luna*
> *sobre una rama, sobre un montón de arena.*
>
> *Y si la miras de abajo arriba, es un montón*
> *de arena sobre el cual se yergue una rama,*
> *sobre la cual luce una luna entre las tinieblas.*

Efectivamente, el contraste entre la cadera pingüe y el talle frágil constituía, para los andaluces, la suprema belleza femenina. Y sobre el cuerpo ondulante, envuelto en lujosas túnicas de colores, bordados de oro, surgía el rostro, bello como la luna, jardín de rosas donde reptaban los escorpiones de los aladares y donde los dientes blancos de la sonrisa parecían los pétalos de la margarita. En cuanto al color de la tez y del pelo, es asunto muy debatido; pero sabida es la preferencia sexual que los omeyas españoles sintieron por las rubias (41).

Abundan también otros fragmentos en que, más o menos abiertamente, se alude al amor griego. En varios de ellos se canta al mancebo barbiponiente, bien para decir que con el bozo se ha acrecido su belleza, o para declararla conclusa. La riqueza de la literatura árabe llega al extremo de poseer sobre este asunto, al parecer tan fútil, varios libros completos, entre ellos *El abandono del pudor*, acerca de la descripción del bozo, de Nawachi, y *La extensión de las excusas por el amor del bozo*, de Minhachí, ambos manuscritos en El Escorial. Otro tanto sucede con todos los motivos, aun los más baladíes, de la lírica árabe.

Toda ella revela una frenética adoración por la belleza física, que es; por otra parte, bien característica de la mentalidad musulmana, y herencia de sentimientos beduinos, muy próximos también en esto, a las concepciones platónicas. No en balde su Dios les refiere a los árabes la deliciosa historia de las damitas gitanas que, pelando naranjas con preciosos cuchillos, se mutilaron los dedos, atónitas ante la angélica belleza del profeta José (Alcorán, XII). La peculiar condición social de la mujer musulmana reduce al *mínimum* el conocimiento de su psicología. Únicamente la belleza física luce ante los amantes, que se sienten arrastrados hacia ella en levitación irresistible, y solo pueden defenderse de sus efectos corrosivos estilizándola, transmutándola en flores o piedras preciosas, y volcando sobre la carne armoniosa azafates colmados en los jardines.

La afición poética suele presentar al amante extenuado y maciliento, como una primera parte de ópera frente a un coro vago de murmuradores que denigran al ser amado, mientras él lo defiende. «Ellos me dicen... Yo les contesto...» (101). Este cuadro simbólico, perfeccionado en Oriente por Umar ben Abi Rabia (m. 712 o 719), tuvo enorme difusión en al-Ándalus.

El tema báquico es otro de los más frecuentes en la lírica arábigoandaluza. La ley seca del Profeta no podía tener plena aceptación en España. Bien es verdad que no todo el vino que se bebía era de uvas: había otros zumos de frutas cuyo uso era más o menos considerado como lícito. Los bebedores solían congregarse, bien al alba (*sabuh*), bien por la noche (*gabuq*). El vino se refrescaba y mezclaba con agua. El lugar de la reunión podía ser una sala, el patio de la casa o una quinta de placer en el campo. En el Guadalquivir –único río del mundo, según al-Saqundi, donde sucedía tal cosa– se celebraban partidas fluviales, a la par fiestas báquicas y regatas, donde los barcos de vela eran como halcones que perseguían a las barquitas, liebres que corrían con sus pies de madera (36). Pero también en el Ebro sucedía otro tanto, cuando la taifa de Zaragoza.

El anfitrión cursaba invitaciones en verso (16). Tales reuniones eran, más que orgías, tertulias poéticas y literarias. Circulaban, primero, en mesitas volantes, platos llenos de delicadas viandas y golosinas. Después se ponía ante cada comensal una bandeja, un pomo, una copa y un aguamanil. En el centro del *machlis* o corro ardían las candelas, cuyo reflejo hería los búcaros de narcisos, las carnosas hojas de las plantas de lujo y las pirámides de frutos brillantes. Circulaba el esbelto copero entre los invitados, con los jarros repletos de vino blanco –«grandes perlas rellenas de oro líquido»–, o con las ánforas de rojo néctar, colmando las copas y escuchando requiebros. Cuando el pitón de la vasija dejaba escapar el chorrito del líquido «como el cuello de un ánade que picara un rubí», el burbujeo de la copa evocaba ingeniosas comparaciones. Se recitaba, se improvisaba, y, de vez en cuando, se oía, el canto de una esclava, que otras acompañaban con laúdes, tambores y bandolas. Ejercían su imperio simultáneo el sueño, la embriaguez y el amor.

> *Nuestros lechos sirvieron de vestido para*
> *nuestro vino, y para cubrirnos, la tiniebla*
> *rasgó sábanas de su piel.*

> *De corazón a corazón se acercaba el amor;*
> *de labio a labio volaba el beso* (38).

Y así, hasta el alba. Los extranjeros –según un relato oriental traducido por Ribera– no podían dormir en España.

LA DESCRIPCIÓN Y LA METÁFORA

LA mayoría de los fragmentos líricos andaluces que nos han conservado las antologías son simplemente impromptus, trozos descriptivos y, muchas veces, metáforas aisladas. El pueblo árabe ha sido un gran creador de metáforas. Las *muallaqas* ya contienen espléndidas muestras (¡aquellos leones melenudos, ahogados y sucios por la gran riada, que Imru-l-Qays compara a cebollas silvestres arrancadas de cuajo!) El prólogo del libro de Ben Said titulado *Unwan al-murquisat wa-1-mutribat* (El Cairo, 1286) contiene una teoría y una clasificación de la imagen. Ya he aludido también a tratados que son verdaderos manuales de comparaciones, entre los cuales descuella quizá –breve y alado– el *Libro del céfiro*, de Ben Habib de Alepo, que me propongo traducir.

Las mismas características externas de la poesía árabe –ritmo pausado, versos largos– obligan al poeta a considerar las cosas que le rodean con morosidad y con molicie. Véase, entre los pequeños fragmentos que traduzco, la lentitud amorosa con que el gran visir Mushafi pinta en ocho versos el simple acto de coger un membrillo y despojarlo de su pelusa ceniciento, para colocarlo en el centro de su sala (40), o la prolijidad de miniaturista con que Ben Hisn describe un pichón (1).

Esta delectación perezosa en la expresión no impide, antes fomenta, una extraordinaria agilidad de la máquina metafórica. Lo mismo se compara lo pequeño con lo grande (la aguja enhebrada con un cometa; el dedal con un casco sin cimera), que lo grande con lo pequeño (los remos de una barca con las pestañas; el cangilón de

235

la noria con el párpado). La retórica árabe admite, además, como materia prima objetos que nunca se atrevió a emplear la poética clásica. En el mundo vegetal, por ejemplo, no se limita a aceptar solamente la alta sociedad de las flores: considera lo mismo el nenúfar que a la alcachofa y deja emparejar a la berenjena con el narciso. Todo sirve de idéntico modo para deliciosas estilizaciones vegetales, que recuerdan los atauriques en mármol, marfil o estuco; todo puede ser convertido en materia de arte. Nuestro sentimiento de la naturaleza está, sin embargo, ausente de estos paisajes irrealizados.

Los concursos para describir poéticamente, en especie de acertijos al revés, un objeto dado —una nuez, un alhelí, un tintero, un espejo— son frecuentes en las anécdotas andaluzas. Pero sería inútil querer indicar aquí los tópicos esenciales de esta literatura descriptiva, desde las comparaciones vulgares y mostrencas (el río es una espada si está tranquilo, o una cota de malla, si el céfiro arruga su superficie), hasta las metáforas peregrinas y espléndidas. A través de esta retórica complicada y lujosa —zarabanda de soles, lunas y pléyades; amontonamiento de materias duras y brillantes: perla, topacio, cornalina—, entrevemos toda la vida de la Andalucía musulmana. ¡Admirable mundo ideal, que comprende desde las reminiscencias del lejano desierto, como el abrevadero o el camello, hasta las cosas que están delante de los ojos, como cuando los poetas valencianos nos hablan de la noria o de la naranja!

Otros temas

Quedan otros temas especiales, de los cuales no parece oportuno hablar en una colección de este género, como son el político, el guerrero, el gnómico, el ascético y el místico. Los dos primeros, aunque también construidos según una arquitectura convencional, están demasiado pendientes de la historia, del momento y del fin para el que se producen, cuando no entran, como es uso, en la esfera del panegírico. Para ser entendidos requieren la explanación de todas sus alusiones circunstanciales. El tema gnómico no fue muy cultivado en España o lo fue con poca brillantez. En cuanto a los temas ascético-místicos, no encontramos el término medio: la emoción religiosa que vibra en los más grandes poetas espirituales de nuestra cultura. De las frases ingeniosas, pero apenas poéticas, o los sermones gárrulos, donde se predica con nervio dialéctico, pero con poco espíritu, el terror del infierno, la vanidad del mundo o la conveniencia utilitaria de arrepentirse −sobre todo en la vejez−, se pasa sin suave transición a delirios místicos, teosóficos o cabalísticos, que pueden acabar −como la sierpe que se muerde la cola− en adoptar de nuevo la encarnación simbólica de los temas báquico o erótico.

Los cuadros: ditirambo, sátira y elegía

Hasta ahora hemos hablado de temas sueltos, porque tal es la forma en que ha llegado a nosotros una buena parte de los poemas arábigoandaluces, y, además y desde luego, el criterio fragmentario que ha presidido esta colección. Pero conviene advertir que, excepto los impromptus, los fragmentos epistolares o epigramáticos (*qita*) y algunos poemas personales, estos temas se articulan muy a menudo en tres únicos cuadros o esquemas que ya existían en la época anteislámica, y que, tras un momento de vacilación cuando la querella de «los modernos», volvieron a cobrar renovada y definitiva autoridad en la estética neoclásica.

El primero es el de la *qasida* ditirámbica. De tres partes constaba en la poesía antigua: prólogo amoroso (*nasib*), relato de viajes del poeta a través del desierto (*rahil*) y elogio propiamente dicho (*madih*). Las tres fueron más o menos conservadas en la poesía neoclásica, aunque alargando la última a expensas de las dos primeras, donde el tema erótico puede combinarse con el báquico, y el *rahil* constar de descripciones variadas. Es curioso que los árabes, tan celosos de sus mujeres, hayan impuesto a las sombras de sus amadas, más o menos convencionales, la dura servidumbre de pasar por el prólogo de estos poemas interesados, en que se truecan alabanzas por mercedes. El nombre del rey o personaje elogiado surge de pronto entre los versos por un escotillón más o menos feliz, pero siempre con cierta violencia (7, 8). El ditirambo suele ser de tal modo hiperbólico, desmesurado y sin escala, que resulta impersonal. Casi todos, con leves retoques, podrían cambiar de destinatario y de época. Suelen estar escritos a sueldo; pero en ocasiones el poeta contrata en cierto modo con el señor un trueque proporcional. Ben Baqi, entre tantos otros, lo declarará:

¡Dios solo me basta! Los alabé con falsía y
me pagaron con desdén, en la misma moneda.

Su necesidad psicológica parece evidente: aparte la trascendencia política que la poesía no ha perdido nunca entre los árabes, como en las cortes musulmanas estaban prohibidas las artes plásticas, una *qasida* ditirámbica sustituye en cierto modo a un retrato de corte. En cambio, cuando un rey o magnate es poeta y se alaba a sí mismo (poemas de *fajr* o de vanagloria), la composición, descontadas las hipérboles, pierde su sentido comercial y gana en interés humano.

El segundo cuadro es el *hichá*, o sátira. En lo antiguo constaba de un envío, que fue perdiendo importancia, y de un desarrollo satírico, de ordinario sumamente violento, que cada vez se fue reduciendo más, hasta casi degenerar en epigrama. Los tiempos nuevos y el despotismo creciente fueron anulando este cuadro, tan en vigor en los días del desierto. Casi nunca, por otra parte, tiene valor universal, por excesivamente ligado a circunstancias anecdóticas.

Por último, el tercer cuadro es la *martiya*, treno o elegía. Tras un prólogo sentencioso de circunstancias, que en la estética neoclásica fue adquiriendo cada vez mayor amplitud, el poeta aborda el elogio del difunto y su familia. En suma, es un panegírico luctuoso.

En la literatura arábigoandaluza han adquirido mucha celebridad ciertas elegías políticas, consagradas a la ruina de una dinastía (como la *Qasida en ra* de Ben Abdun sobr e la caída de los Aftasíes de Badajoz) o a la pérdida de ciudades (como la de Abu-l-Baqa de Ronda deplorando los progresos de la reconquista española). Nada más lejos de la emoción humana que la primera, pedantesca y fría enumeración de *ubi sunt?*, y de todas las catástrofes de la historia universal. La segunda, de mucho menos valor retórico y poético, es más sentida; pero mejor que explosión desinteresada de dolor, resulta una especie de proclama política que solicita de los otros reinos musulmanes ayuda para el islam español moribundo.

No quiere esto decir que en la lírica arábigoandaluza falten ilustres poemas de dolor. Casi todos se agrupan en torno a la figura de Mutamid. Las *Elegías de Agmat*, en que el propio rey poeta ha cantado las amarguras de su prisión y destierro, figuran entre las más bellas de la poesía universal (13). Y es también admirable la que Ben al-Labbana dedicó a la ruina de la dinastía (83). Tras un mesurado y noble prólogo retórico, donde los *ubi sunt?* se reducen a una sola línea, referente a los abbasíes y Bagdad, viene una pintura directa del embarque de las personas reales para el destierro. Nos parece ver a las gentes agolparse en las orillas del Guadalquivir para ver partir las galeras, entre un tumulto de lamentaciones,

> *como una caravana perezosa que el camellero arrea con su canción.*

LA POESÍA ÁRABE Y EL ARTE ISLÁMICO

EXCEDERÍA del corto espacio de estas páginas estudiar la relación de la poesía árabe con el arte musulmán en general. El lector que se interese por este tema puede hallar valiosas sugestiones en una conferencia de Massignon en el Colegio de Francia, publicada en la revista *Syria* (París, 1921) y traducida por mí en la *Revista de Occidente* (diciembre 1932). El gran arabista francés ve en la poesía arábiga una manifestación más del espíritu artístico del islam. En cuanto a lo presente, la tendencia es a irrealizar los objetos, petrificarlos. La metáfora sigue siempre una gradación descendente: el hombre es comparado al animal; el animal, a la flor; la flor, a la piedra preciosa. Y, respecto a lo pretérito, el poeta árabe no intenta, como el occidental, revivir los instantes pasados, resucitar la emoción. Al revés: toma el recuerdo como tal recuerdo; opera sobre sueños, sombras, fantasmas; construye arabescos brillantes, pero huidizos, deleznables. La idea directriz del arte musulmán –concluye Massignon– «no es idolatrar las imágenes, sino ir más allá, hacia aquel que las hace moverse como en una linterna mágica, como en un teatro de sombras; hacia el único que permanece: Huwa al-Baqi, nos dicen las innumerables laudes funerarias del islam».

Y nada más como prólogo a este breve manojo de poemas arábigoandaluces. En la nota siguiente el lector podrá enterarse de su origen y de su relativa novedad. Casi son, efectivamente, *carmina non prius audita*, como decía con Horacio el conde de Noroña, al frente de sus *Poesías asiáticas*. He aquí su único mérito, y también su riesgo. Mas lo corro con gusto en recuerdo de los días en que los traduje: tardes de El Cairo y de Gizeh, en que, al separarse del códice, mis ojos se fijaban en las aguas del Nilo, que, como en los versos de Abu Salt de Denia,

estaba agitado por los vientos, como la
espada en la diestra del combatiente.

Escrito en noviembre de 1929
Ampliado en diciembre de 1939

NOTA

La poesía árabe es la Cenicienta de los estudios orientales. En primer lugar, por su dificultad. La complejidad de los metros, la opulencia del léxico (en el que los curiosos han contado a veces las palabras que designan el vino, la espada, el león o el ruiseñor), la riqueza de alusiones, el artificio de la máquina metafórica, el boato gongorino, las contorsiones del anagrama y del acróstico, el empleo del *tadmin* o intercalación de los versos de otros poetas, alejan por completo al lenguaje poético del habitual en la prosa. No han faltado quienes, valiéndose de un cómodo expediente, hayan diputado ininteligible lo que ellos eran incapaces de entender. Pero aun la mayoría de los que eran capaces de entender los versos árabes, si creían útil su estudio, era por la práctica gramatical que supone o por los datos históricos que suministra; nunca por las bellezas que revela. Entre las tesis que un doctorando holandés presenta en 1831 a una universidad de su país, figura esta: *Qui vero poetas Arabum propter ipsorum praestantiam legat, si non seno carere, certe otio suo abuti videtur.* En la apreciación de la literatura árabe están todavía, por lo general, subvertidos los términos, y son más estimadas las obras que contienen datos históricos o de otra índole, que aquellas otras, admirables, que no presentan más que la desnudez de su propia belleza estética. Y aún más: los mismos que eran capaces de comprender esta no iban a gastar su tiempo en traducir unos versos que el gusto occidental en boga había de reputar bizarros y extravagantes. Así, la poesía oriental, salvo cierta difusión alcanzada a fines del siglo XVIII, puede decirse que solo ha circulado esporádicamente para satisfacer la curiosidad de algunos y el esnobismo de los más.

La lírica arábigoandaluza ha sido, en particular, peor estudiada. Aún quedan por publicar multitud de divanes y antologías, entre estas, algunas de las más importantes, como la *Dajira* de Ben Bassam y el *Mugrib* de Ben Said; y de lo publicado, casi nada es debido a plumas españolas. En cuanto a traducciones y trabajos especialmente dedicados al tema (fuera de pequeñas monografías y de algunos versos incidentalmente estudiados con otro objeto), apenas teníamos más que la colección del conde de Noroña, *Poesías asiáticas* (1883), retraducida del inglés y del latín, y pobre reflejo de la boga que la poesía oriental alcanzó en el romanticismo, y los elegantes pastiches que, sobre las traducciones alemanas de Schack, compuso la diestra pluma de Valera, peinándolas a la moda neoclásica. Últimamente algún erudito francés ha consagrado breves estudios a poetas aislados, y se ha publicado una obra de conjunto sobre la poesía de los reinos de taifa (H. Pérès, *La poésie andalouse en arabe classique au XIe siècle*, París, 1937); pero no es suficiente. Conocemos ya de al-Ándalus los historiadores, los teólogos, los juristas, hasta los matemáticos y los místicos. Nos quedan los poetas. Y el actual momento literario es el más propicio para comprenderlos, no –naturalmente– porque la lírica de nuestro tiempo tenga nada de común con esta poesía arqueológica, sino por el espíritu de libertad y comprensión que con ella ha venido a la esfera del arte.

Este trabajo no puede tener siquiera la aspiración de empezar a llenar un hueco tan amplio. No es más que un toque de llamada. Durante mi permanencia en El Cairo, en calidad de pensionado, el año 1928, tuve ocasión, gracias a la amabilidad de S. E. Ahmed Zeki Bajá —de clara memoria—, de conocer y adquirir copia de una pequeña antología de la lírica andaluza, inédita y totalmente desconocida, titulada *Kitab rayat al-mubarrizin wa-gayat al-mumayyazin* (Libro de las banderas de los campeones y de los estandartes de los selectos). Su autor —el célebre Ben Said— se propone recoger en ella solamente aquellos pequeños fragmentos «cuya idea es más sutil que el céfiro, y cuya elocución es más bella que una cara bonita». Es obra, por tanto, de exquisita quintaesencia, ya que en unas setenta páginas, no grandes, pasa revista a más de un centenar de poetas, clasificados por regiones geográficas; dentro de cada una, por categorías sociales, y dentro de ellas, por orden cronológico. Desde aquella fecha he venido preparando a ratos perdidos la edición y traducción íntegra del códice, que ya se encuentran listas para la impresión. Pero como la labor erudita era lenta, impacientemente algunas traducciones fueron a agruparse, en agosto de 1928, en un artículo de la *Revista de Occidente*. Hoy, unidas a bastantes otras, forman el presente librito.

En él he reunido ciento doce pequeños fragmentos de los principales poetas andaluces y de algunos africanos, ya que la poesía del otro lado del estrecho no es más que un satélite de la española. La mayoría de los trozos escogidos procede del aludido manuscrito, aunque bastantes se encuentran también en otros libros o códices. Algunos han sido tomados de otras obras (véase el Apéndice). Para clasificarlos de algún modo y para conservar, aunque de lejos, la disposición de la antología de Ben Said, los agrupo en tres partes, correspondientes al Occidente (Sevilla y su región hasta Algeciras, Extremadura y Portugal), Centro (Córdoba, Toledo, Jaén, Granada, Almería y Málaga) y Oriente (Valencia, Murcia, Baleares y Aragón) de la España musulmana. En líneas generales, esta distribución geográfica y la que se basa en categorías sociales son las clásicas en las grandes antologías arabigoespañolas. Dentro de cada comarca, los poetas siguen, en esta edición, un orden cronológico. Al final de la última parte se añaden los contadísimos poetas africanos.

Las versiones van totalmente desprovistas de notas, por lo cual me he limitado a entresacar tan solo aquellos trozos que pueden traducirse sin comento. Aun así, me he visto precisado a desmontar las metáforas y a usar de perífrasis, para hacer inteligibles en castellano los versos. Tras esta labor necesaria, ¡qué lejos quedan del original las versiones! Naturalmente, no pueden presentar otro valor que el puramente informativo: hacernos ver, siquiera sea de lejos, lo que era la poesía arábigoandaluza en los siglos X al XIII. Bastante, sin embargo, si es verdad la sentencia de la antigua retórica de que a veces unos cuantos versos muestran mejor el alma de un pueblo que largas páginas de historia.

APÉNDICE

Como queda dicho en la nota preliminar, la mayoría de las composiciones incluidas en esta colección proceden de una antología de Ben Said titulada *Kitab rayat al-mubarrizin wa-gayat al-mumayyazin* –desconocida hasta ahora–, cuya copia manuscrita poseo y cuya transcripción y traducción tengo dispuestas para la imprenta. Solo algunas, aumentadas en la segunda edición, han sido tomadas de otra parte. Sin embargo –como es natural, tratándose de piezas literarias célebres–, gran parte de los fragmentos figuran también en otras obras y antologías. A continuación, doy una lista de aquellos que, sin propósito exhaustivo, he encontrado en libros impresos fundamentales o de fácil consulta (designados por siglas). De esta suerte, el arabista podrá cotejar mi traducción con el texto, aunque sin perder de vista que por haber seguido yo la lección del códice de Ben Said, pueden existir algunas discrepancias: variantes léxicas, número de versos, orden de los mismos, etc. Entiéndase, por tanto, que de los fragmentos omitidos en la lista siguiente no he encontrado aún una redacción distinta de la del códice, o si la he encontrado, es en obras manuscritas de difícil consulta. Los números 11, 12, 13, 18, 45, 53, 54, 59, 68, 86, 90 y 101 se encuentran también en la obra de Schack, traducida por Valera, *Poesía y arte de los árabes en España y Sicilia* (cito por la tercera edición, Sevilla 1881), en los siguientes pasajes, respectivamente: II, 18-20; II, 32-33; II, 68-69; I, 211; I, 122; II, 82; II, 80-82; I, 140; I, 131; I, 121; I, 202, y I, 142. Comparando ambas versiones, el lector no arabista podrá formarse idea del criterio seguido en la mía. Algunas otras poesías han sido también traducidas a lenguas europeas, sobre todo después de la primera edición de este libro (1930).

SIGLAS

HS= Ben al-Abbar, *al-Hulla al siyara*, ed. Dozy en *Notices sur quelques manuscrits arabes* (Leiden, 1847-1851).

MA= Ben Jaqan, *Matmah al-anfus* (Constantinopla, 1302).

Maq.= al-Maqqari, *Analectes sur l'histoire el la littérature des Arabes d'Espagne*, ed. Dozy, Dugat, Krehl y Wright (Leiden, 1855-1861).

OM= Ben Said al-Magribi, *Unwan al-murquisat wa-l-mutribat* (El Cairo, 1286).

QI= Ben Jaqan, *Qalaid al-iqyan* (París-Marsella, 1277).

RH= *Raf al-huchub al-mastura fi mahasin al-anaqsura*. Comentario de al-Sarif al-Garnati a la *Qasida maqsura* de Hazim al-Qartayanni (El Cairo, 1344).

TH= Ben Hazm, *Tawq al-hamama*, ed. Petrof (Leiden, 1914).

Núm. 1: RH, I, 53.; Núm. 3: RH, I, 153.; Núm. 5: Maq. II, 306.; Núm. 6: OM, 60; Núm. 7: Maq. I, 283-284.; Núm. 8: QI, 108-109.; Núm. 9: QI, 95.; Núm. 10: QI, 106; Núm. 11: QI, 6.; Núm. 12: Maq. II, 624.; Núm. 13: Maq. II, 573.; Núm. 14: QI, 37; Núm. 15: Maq. II, 647.; Núm. 16: QI, 172.; Núm. 17: QI, 176.; Núm. 18: QI, 308; Núm. 19: QI, 307.; Núm. 20: QI, 311.; Núm. 21: QI, 310.; Núm. 22: QI, 314; Núm. 23: Maq. II, 482.; Núm. 24: Maq. II, 329.; Núm. 26: Maq. II, 462.; Núm. 28: Maq. I, 625; Núm. 29: Maq. II, 258.; Núm. 32: Maq. II, 349.; Núm. 33: Maq. II, 349.; Núm. 34: Maq., I, 664.

Núm. 37: Maq. II, 382.; Núm. 38: RH, I, 106.; Núm. 39: Maq. II, 133.; Núm. 40: HS, 144; Núm. 41: HS, 116.; Núm. 42: HS, 115.; Núm. 43: RH, I, 35.; Núm. 44: Maq. II, 132; Núm. 45: HS, 113 (atribuido a otro).; Núm. 47: Maq. II, 133.; Núm. 49: TH, 125.; Núm. 50: TH, 58; Núm. 51: TH, 10-11. Núm. 58: HS, 195. Núm. 62: QI, 235. Núm. 67: Maq. II, 143. Núm. 74: Maq., I, 878.; Núm. 53: QI, 92-93. Núm. 59: Maq. II, 141. Núm. 63: QI, 262. Núm. 68: Maq. II, 134-135. Núm. 75: Maq. I, 639.; Núm. 54: QI, 82-83. Núm. 60: QI, 235. Núm. 64: Maq. II, 147. Núm. 69: Maq. II, 141.; Núm. 55: Maq.

II, 454. Núm. 61: QI, 257. Núm. 65: Maq. II, 548-549.
Núm. 71: Maq. II, 138.

Núm. 78: Maq. II, 472.; Núm. 79: Maq. II, 222.; Núm.
81: Maq. II, 496.; Núm. 82: QI, 289; Núm. 83: QI, 26.;
Núm. 85: MA, 85.; Núm. 86: Maq. I, 517.; Núm. 87: Maq.
II, 325; Núm. 88: Maq. II, 135.; Núm. 90: Maq. II, 135.;
Núm. 91: Maq. II, 135.; Núm. 94: Maq. II, 495; Núm. 95:
Maq. II, 137.; Núm. 96: Maq. II, 136.; Núm. 97: QI, 269.;
Núm. 98: Maq. II, 136; Núm. 99: Maq. II, 136-137.; Núm.
101: Maq. II, 137.; Núm.103: Maq. II, 37-138.; Núm. 104:
Maq. II, 139; Núm. 105: RH, I, 136.; Núm. 106: Maq. II,
138.; Núm. 107: Maq. II, 517.; Núm. 108: RH, I, 57-58;
Núm. 109: Maq. 459.; Núm. 110: RH. I, 141.

ÍNDICE

II. POETAS DEL CENTRO DE AL-ÁNDALUS

III. POETAS DEL ORIENTE DE AL-ÁNDALUS

EPÍLOGO

Poemas arábigoandaluces
se acabó de imprimir el
3 de enero de 2025